Pol Xavi,

un canou amb molt de reconeguent. aus el desig de que trobis inspiració en aquest pòjuer.

Una forta abraçada.

Marcel

Eres lo mejor que te ha pasado…

Eres lo mejor que te ha pasado...
¡QUIÉRETE!

Mercè Brey

Plataforma Editorial

Primera edición en esta colección: enero de 2016

© Mercè Brey, 2016
© de la presente edición: Plataforma Editorial, 2016

Plataforma Editorial
c/ Muntaner, 269, entlo. 1ª – 08021 Barcelona
Tel.: (+34) 93 494 79 99 – Fax: (+34) 93 419 23 14
www.plataformaeditorial.com
info@plataformaeditorial.com

Depósito legal: B. 1066-2016
ISBN: 978-84-16620-25-8
IBIC: VS

Printed in Spain – Impreso en España

Diseño de cubierta y fotocomposición:
Grafime

El papel que se ha utilizado para imprimir este libro proviene
de explotaciones forestales controladas, donde se respetan
los valores ecológicos, sociales y el desarrollo sostenible del bosque.

Impresión:
Reinbook Imprès
Polinyà (Barcelona)

Reservados todos los derechos. Quedan rigurosamente prohibidas,
sin la autorización escrita de los titulares del *copyright*, bajo las sanciones establecidas
en las leyes, la reproducción total o parcial de esta obra por cualquier medio o procedimiento,
comprendidos la reprografía y el tratamiento informático, y la distribución de ejemplares
de ella mediante alquiler o préstamo públicos. Si necesita fotocopiar o reproducir
algún fragmento de esta obra, diríjase al editor o a CEDRO (www.cedro.org).

Índice

Introducción. 11

Primera parte. *Devolviendo su lugar a la energía*
femenina. 17
1. El enorme poder de la energía femenina 19
2. Hombres y mujeres: cerebros distintos,
   pero la misma energía 23
3. ¿Qué tipo de energía predomina en mí?. 25
4. Un exceso de energía masculina. 30
5. El excedente de energía femenina. 34
6. Las ventajas del equilibrio. 36
7. ¿Qué puedo hacer para equilibrar las energías? . . 38
Conclusiones. 45

Segunda parte. *Cuida y mima la riqueza*
que atesoras. 49
1. Quiérete mucho 51
2. Dando pasos hacia la aceptación de uno mismo. . 53
3. La salud, nuestro estado natural 56
4. Conecta con tu inconsciente 59

5. Siete formas de cuidar tu ser 61
6. Cuéntate a ti mismo lo maravilloso que eres . . . 74
Conclusiones 76

Tercera parte. *La incongruencia entre lo que hacemos y lo que queremos* 77
1. ¡Lo que se cree… se crea! 79
2. Valorar el aquí y ahora 81
3. Nuestros planes otorgan sentido a la existencia . . 84
4. Lo que queremos y lo que hacemos 86
5. El arte de asumir retos y marcarse objetivos 88
6. Los diez pasos para fijarse un objetivo 89
7. La visualización de los objetivos 97
8. Los límites que me impongo: las creencias 100
9. Tres creencias que nos limitan 105
10. Modificar una creencia 107
Conclusiones 113

Cuarta parte. *Nuestra misión da sentido a nuestra existencia* 115
1. Utiliza tu don para llevar a cabo tu misión 117
2. ¿Cómo puedo saber cuáles son mis talentos? 119
3. ¿Cómo gestionar mis talentos? 121
4. Desarrollo del talento a través de la coherencia . . 125
5. El camino del talento al don 127
6. Del don a la misión 129
Conclusiones 131

Índice

Quinta parte. *Es preciso que aprendamos a comunicarnos* 133
1. La necesidad de saber comunicar 135
2. La comunicación, un intercambio de emociones . 137
3. ¿Cómo es nuestra comunicación? 139
4. La comunicación más efectiva es la que se dirige al inconsciente 143
5. Cómo conectar con el inconsciente de las personas 145
6. El estado de ánimo determina una buena comunicación 149
7. Para comunicar es indispensable saber escuchar . . 152
8. Recursos para la escucha: calibración y sincronización 155
9. Retroalimentación (*feedback*): indispensable para establecer las bases de una buena comunicación . 158
10. El cuerpo como herramienta de comunicación . . 162
11. La voz como instrumento de comunicación . . . 164
12. La elocuencia del silencio 166
13. El proceso comunicativo en cinco pasos 168
14. Teniendo en cuenta «las conversaciones que no se dan». 171
15. Si la comunicación no ha funcionado, aprende de ello. 173

Conclusiones. 175

Sexta parte. *Creando un mejor presente*. 177
   1. Propagando el cambio 179
   2. El clic de la conciencia 181

Agradecimientos 183

Introducción |

Vivimos en una dualidad: como seres únicos y como parte de un todo. Buscamos cómo orientarnos en esta era de cambio de conciencia. Hemos despertado del sinsentido de lo material, pero no es fácil desprenderse de las necesidades creadas.

Somos, ante todo, seres energéticos. Gestores de energía femenina y masculina. Cuando estas están en equilibrio, evolucionamos. La primera, la femenina, es la que sustenta nuestra creatividad, intuición o generosidad, mientras que la segunda, la masculina, es la que nos permite fijarnos objetivos, entrar en acción o luchar por nuestros ideales. Ambas son necesarias en la misma medida.

Hemos basculado hacia el dominio de la parte más oscura de la energía masculina y hemos olvidado el poder que entraña la energía femenina. Las consecuencias: sufrimos los abusos de la intolerancia y la individualidad, máximos exponentes del patriarcado que todo lo rige.

En nosotros vive la respuesta: sanarnos, sanar la sociedad en la que habitamos mediante el equilibrio de las dos energías.

Eres lo mejor que te ha pasado…

Pero para poder emprender el camino hacia la mejora individual y colectiva, es preciso que previamente hagamos un viaje introspectivo. En primer lugar, debemos lograr el equilibrio individual para luego construir una sociedad más habitable, más justa.

Démosle a ese ser maravilloso que reside en nuestro interior toda la atención que demanda. Le han sido otorgadas un sinfín de habilidades, unas pocas se elevan a talentos y una sola al lugar del don. Es ese don por descubrir el que nos conducirá a cumplir nuestra misión en la vida. Enfocar nuestra vida en pro de nuestra misión es darle sentido absoluto a nuestra existencia. Y ese camino se recorre si utilizamos, en su justa medida, tanto la energía masculina como la femenina.

Una vez que hayamos encontrado el equilibrio podremos alzar nuestra mirada y darnos cuenta de que formamos parte de un todo. Estamos interrelacionados con nuestros iguales y con mucho más. Esta configuración grupal se sustenta en la comunicación. Comunicar no es tan solo hablar o explicar, es conectar con la otra persona, es intercambiar emociones.

Es preciso que tomemos conciencia de nuestra formulación energética. Si comprendo el poder de esta energía, la equilibro y la uso diestramente, mi bienestar aumenta de forma exponencial. Lo irradio. Lo proyecto en los demás. Es mi contribución a cocrear una sociedad más habitable, más evolucionada.

Y es la suma de contribuciones individuales la que puede generar un cambio de conciencia colectivo.

Introducción

Qué encontrarás en este libro

Primera parte
Contiene una reflexión sobre el desequilibrio entre la energía femenina y la masculina tanto en el ámbito individual como en el colectivo. Hemos enfermado de intolerancia e individualidad, y hemos generado una sociedad insensible y agresiva que nos asfixia.

Este apartado propone técnicas y ejercicios para que descubras qué energía predomina en ti, cómo equilibrarlas y cómo gestionarlas, según lo requiera cada situación.

Segunda parte
Trata sobre la aceptación y sobre alabarse a uno mismo. Como fruto de la perfección del universo, somos seres maravillosos. Tomemos conciencia de ello. Esta segunda parte muestra ejemplos de cómo conseguirlo y de cómo cuidar ese precioso ser que vive en nosotros.

Tercera parte
Versa sobre la incongruencia entre lo que queremos y lo que hacemos. Nos anima a fijarnos objetivos, motores de nuestra motivación, y a superar las creencias limitadoras sobre nuestras propias capacidades.

Expone la manera de dominar el arte de asumir retos y determinar nuestros objetivos a través de una guía de diez pasos.

Eres lo mejor que te ha pasado...

Cuarta parte

Aquí se señala la grandeza de enfocar nuestra vida en pro de nuestra misión. Es lo que hemos venido a aprender y a cumplir, lo que da sentido absoluto a nuestra existencia.

En este apartado se dan pautas sobre cómo discernir nuestros talentos de nuestras habilidades y sobre cómo descubrir nuestro preciado don. Se explica, además, de qué manera nuestro don actúa de catalizador hacia nuestra misión en la vida.

Quinta parte

No vivimos aislados del mundo, así que dejemos el enfoque individual para profundizar en el frágil vínculo sobre el que se sustenta nuestra relación con los demás: la comunicación. Esta suele ser deficitaria, generando malos entendidos, desavenencias y conflictos. Aprender a comunicar con acierto es tremendamente necesario.

Este apartado nos ayuda también a conocer cuál es nuestra forma de comunicar, así como la importancia de saber escuchar o de preparar nuestro estado de ánimo para una buena comunicación. Aquí se sintetizan en cinco pasos los fundamentos de una buena comunicación.

Sexta parte

Contiene una reflexión final sobre la certeza de que podemos cocrear un presente más flexible, tolerante e inclusivo, un espacio en el que podamos ser más felices y podamos permitir que nuestra conciencia se expanda.

Introducción

El porqué de este libro

Hace cuatro años empecé a gestar lo que hoy tienes entre tus manos. Partió de la necesidad que sentí de compartir el conocimiento atesorado después de mucho experimentar lo leído y lo aprendido, y que tan útil me estaba resultando. Un alto en el camino para devolver lo que tan generosamente me había sido entregado hasta el momento. Atesorar, sea lo que sea, nos pudre por dentro. Debía dejar fluir aquello que a mí me había servido de guía para superar obstáculos y seguir avanzando.

El libro mezcla ideas recogidas aquí y allá, pasadas por el tamiz de mis vivencias con conceptos germinados dentro de mí, canalizados sistémicamente.

Después de haber pasado esta experiencia, creo sinceramente que escribir un libro es un proceso de aprendizaje digno de ser transitado.

Requiere fuerza de voluntad y disciplina para dedicarle tiempo y esfuerzo. Honradez y humildad en los textos. Y lo que más difícil resulta es despojarse de complejos y máscaras para ofrecer al lector algo tan íntimo y vulnerable como la propia opinión y los propios sentimientos. Pero es este acto de entrega sincera el que da sentido al libro.

Con que una sola palabra tenga la virtud de despertar en ti algo adormecido y te sirva para dar un paso hacia delante, este libro ya habrá cumplido con su cometido. Que así sea.

Primera parte
Devolviendo su lugar
a la energía femenina

1.
El enorme poder de la energía femenina

Vivimos en una sociedad enferma y desequilibrada que nos hace infelices; dentro de ti está el poder para sanarte y para sanarla.

No se trata de hombres y mujeres, se trata de energía masculina y energía femenina.

Nosotros y nosotras, como *seres*, estamos compuestos por un *ser femenino* y un *ser masculino* que nada tienen que ver con la identidad sexual o con ser hombre o mujer.

Me refiero al *ser masculino* como aquella parte de la persona capaz de tomar decisiones rápidamente, sin contemplaciones y sin temor. Es pura fuerza, valentía y decisión. Llevada al extremo, puede ser una energía descarnada en la que se expresa despiadadamente la intolerancia, la arrogancia o la agresividad.

La energía masculina es la representación del *ser masculino*. Se identifica con la mente racional y está regida por el hemisferio izquierdo del cerebro, que es el del análisis, la lógica y la precisión.

Por otro lado, el *ser femenino* es aquella vertiente de la persona que integra conceptos como la empatía, la capacidad de trabajar en equipo, la facilidad para la multitarea, la voluntad de inclusión o la predisposición a tolerar la diversidad, pero también aquella parte que es dubitativa, perfeccionista e insegura. El *ser femenino* tiene su correspondencia en la energía femenina. Esta está claramente vinculada al hemisferio derecho del cerebro, donde residen atributos como la creatividad o la capacidad comunicativa.

Tanto la energía masculina como la femenina tienen a su vez dos manifestaciones: la de la luz y la de la penumbra, la que construye y la que destruye. La energía femenina de luz, la creativa y la integradora, es la que denomino «energía armónica». Cuando fluye, tanto en un hombre como en una mujer, facilita la armonía en las relaciones y en los hechos.

Cuando la energía femenina limita o imposibilita, nos mantiene presos en el mundo subterráneo del pensamiento, en el fango de las emociones, hablamos de la «energía amorfa». Se trata de la penumbra de la energía femenina, la que no permite dar forma a nuestros pensamientos o deseos.

En la vertiente masculina, hablamos de «energía propiciadora» cuando su enfoque es evolutivo y posibilitador. Es una energía fuerte, capaz. Es determinante y activa. Es la energía masculina de luz.

El enorme poder de la energía femenina

Finalmente, cuando la energía masculina huye del respeto y la empatía, cuando se gesta en la penumbra, nos hallamos frente a la «energía devastadora».

Ambas energías de luz son válidas y necesarias en la misma medida. Lo que sucede es que nuestro mundo ha basculado radicalmente hacia la preponderancia de la energía masculina devastadora, denostando y despreciando las enormes cualidades de la energía femenina armónica.

Basta mirar a nuestro alrededor y ver qué tipo de sociedad hemos creado: competitiva, intolerante, individualista, sin respeto por las personas ni por el medioambiente, en la que se rinde culto a lo material y se desprecia lo espiritual. Hemos cogido los atributos oscuros de la energía masculina y los hemos encumbrado, aislándolos y despojándolos del equilibrio que les aportaría la energía femenina constructiva.

No se trata en absoluto de menospreciar la energía masculina, sino de que esta fluya en su esencia positiva.

Hablemos de la intolerancia para ilustrarlo. En su vertiente de energía masculina devastadora es claramente nociva, pero en su acepción de energía posibilitadora es la que da el empuje necesario para hacer frente a situaciones críticas como la discriminación o el abuso de poder.

La conquista de la igualdad de género debe ir más allá de lo que concierne a la equiparación de derechos.

Que existe una discriminación entre hombres y mujeres es una obviedad. Tradicionalmente venimos enfrentando cuestiones de género, pero la discusión no radica en algo tan físico, sino más bien en alguna cosa mucho más intangible, como el tipo de energía que predomina en cada ser.

Es preciso recuperar la esencia de lo femenino, volver a otorgar el puesto que les corresponde a los valores asociados a la feminidad. Porque es la única vía de atajar la individualidad y la carrera estéril de la competitividad desmedida.

2.
Hombres y mujeres: cerebros distintos, pero la misma energía

A pesar de las excepciones que incumplen la regla, podemos observar en hombres y en mujeres mayor predisposición para realizar determinadas tareas, más desarrollo en ciertas habilidades o formas de conducta estereotipadas.

Diversas investigaciones científicas confirman que las mujeres poseen mayor fluidez verbal y más facilidad para las actividades relacionadas con el lenguaje, mientras que los hombres, por el contrario, están mejor dotados para las tareas espaciales, como orientarse o mover objetos en un espacio tridimensional, a la vez que muestran mayor precisión en las pruebas motoras.

Algunos estudios realizados con neuroimagen confirman diferencias en el sistema límbico –el que controla las emociones y el estado anímico–. También para un experto en anatomía forense es fácil distinguir un cerebro masculino y otro femenino por el tamaño y la forma del cuerpo calloso –que es el que conecta ambos hemisferios cerebrales–, el área preóptica del hipotálamo o por la morfología de la

Devolviendo su lugar a la energía femenina

cisura de Silvio. Estas diferencias anatómicas se han relacionado con las diferentes capacidades cognitivas asociadas a cada sexo.

Efectivamente existen diferencias entre la forma de funcionar del cerebro de un hombre y el de una mujer. El punto de partida de ambas naturalezas es distinto, pero esto no se traduce en absoluto en la imposibilidad de gestionar los dos tipos de energía mencionados.

El concepto «energía» va mucho más allá de la estructura natural y sobrepasa el ámbito de lo atávico. De este modo, está más conectado con la vertiente espiritual, con la formulación del alma, que con el continente físico donde esta se alberga.

De hecho, es una gran suerte que seamos diferentes, que tengamos la capacidad de percibir y procesar de un modo distinto. Esto no hace más que enriquecernos. Nos complementa. Son dos partes de un todo, dos piezas de un mismo puzle que encajan a la perfección. Y saberlo gestionar impulsaría nuestra evolución.

Es un absurdo enfrentar las dos naturalezas y sacar partido de una u otra condición. Es mucho mejor contemplar el camino de la comunión en aras de alcanzar un objetivo común: nuestro bienestar.

3.
¿Qué tipo de energía predomina en mí?

Como se ha mencionado anteriormente, el mundo en su globalidad está claramente dominado por la energía masculina de penumbra. Muchas mujeres, empujadas por las circunstancias, han relegado a un segundo plano la energía que les es propia, a la vez que un elevado número de hombres, a pesar de reconocer y apreciar el valor de la energía femenina, no osa dejarla aflorar por vergüenza o por pudor.

Para retornar al equilibrio es necesario el respeto hacia ambas energías. Lo deseable es que las dos se encuentren en equilibrio y debemos esforzarnos para conseguirlo.

Para ello, el primer paso es analizarnos a nosotros mismos y ver si detectamos una descompensación hacia uno u otro extremo.

Te propongo este sencillo test para que tomes conciencia de qué energía tiene mayor preponderancia en ti.

Coge un lápiz e intenta contestar con honestidad a estas preguntas después de reflexionar sin prisa.

Ejercicio de medición de nuestras energías

1. *Gestión de la toma de decisiones:*
   a. Dudas y desasosiego ante la necesidad de decidir.
   b. El proceso de decisión es lento. Muchas veces requiere apoyo externo.
   c. La toma de decisiones es rápida y firme.

2. *Habilidades de relación social:*
   a. Confortabilidad en la relación con las personas.
   b. Interés medio en relacionarse con personas desconocidas.
   c. Preferencia por actividades individuales.

3. *Preferencias en la realización de las tareas:*
   a. Comodidad por el hecho de compartir tareas y responsabilidades.
   b. Se puede colaborar a petición, pero se prefiere más trabajar de forma individual.
   c. Se rinde mucho más trabajando individualmente.

4. *Forma de percibir lo que se observa:*
   a. Se presta atención a la globalidad de la imagen.
   b. Se percibe el conjunto, pero se fija la atención en un aspecto concreto.
   c. Ningún interés en la generalidad; capta la atención de la persona la particularidad de algún elemento en concreto.

¿Qué tipo de energía predomina en mí?

5. *Forma de relacionarse con los elementos mecánicos:*
   a. Sensación de incapacidad frente a su uso.
   b. Dificultad en su manejo. Necesidad de concentración y práctica para manejarlos.
   c. Atracción hacia estos artilugios, que se perciben más como una diversión que como una obligación.

6. *Capacidad de empatizar:*
   a. Facilidad de ponerse en el lugar de los demás.
   b. Sensación de desconcierto con determinados comportamientos de las otras personas.
   c. Incomprensión manifiesta hacia personas muy distintas a uno.

7. *Capacidad de comunicación:*
   a. Manejo fluido de la retórica.
   b. Cierta dificultad en adaptar el mensaje al interlocutor.
   c. Dificultad de comprender por qué el interlocutor no capta el mensaje que se le transmite.

8. *Posicionamiento frente a los demás:*
   a. Respeto y comprensión de la opinión y el comportamiento de los demás.
   b. Cierta necesidad de imponer el propio criterio.
   c. Tendencia a pensar que la mejor opinión es la propia.

9. *Sensibilidad hacia los demás:*
   a. Apoyo desinteresado cuando una persona lo necesita.
   b. La atención hacia las personas se vive como una obligación.
   c. Se intenta evitar el contacto con personas o grupos que puedan requerir ayuda.

10. *Reacción frente a la adversidad:*
    a. Desaliento y tristeza.
    b. Estrés y abatimiento.
    c. Furia y ansiedad.

Resultado
Por cada *a* suma 10 puntos, por cada *b*, 5 y ninguno por cada *c*.

Interpretación
MENOS DE 40 PUNTOS:
Hay una mayor presencia de energía masculina. Eres una persona decidida, que sabe defender sus posiciones, con capacidad de sacar proyectos adelante, pero con falta de empatía y baja capacidad de diálogo (rasgos característicos de la energía femenina).

DE 40 A 60 PUNTOS:
Tus energías tienden al equilibrio. Tienes la iniciativa suficiente para poner en marcha proyectos y la paciencia para esperar a que las ideas florezcan. Cuentas con una facilidad

¿Qué tipo de energía predomina en mí?

integradora al tener en cuenta los sentimientos y las aptitudes de las personas por medio del diálogo y la comprensión de los valores ajenos.

MÁS DE 60 PUNTOS:
Hay aquí un exceso de energía femenina con el riesgo que conlleva de convertirse en un instrumento de voluntades ajenas. La generosidad empieza por uno mismo. Hacer valer la propia voz no es un signo de desconsideración hacia los demás, sino de identidad.

4.
Un exceso de energía masculina

Para el *ser masculino* separado de su complemento femenino nada tiene vida ni alma. Nada tiene explicación y nada está unido al resto. El hemisferio izquierdo solo ve piezas separadas, sin ninguna relación entre sí. Algo que va contra la realidad misma, como la física cuántica ha demostrado sobradamente, donde todos formamos parte del todo, donde todo forma parte de uno.

Ante el exceso de energía masculina, la energía femenina se inhibe y se produce un enfoque absoluto en el mundo externo y el reconocimiento de los demás. Los individuos se aíslan de su alma, del flujo viviente de sentimientos y emociones que quieren comunicarle quién es, lo que necesita y verdaderamente quiere. Son personas atrapadas en las expectativas y demandas del mundo exterior.

La ausencia de la serenidad y el alimento que proporciona la energía femenina se manifiesta en una obsesión por cumplir estándares que le son impuestos y por querer sustituir la inseguridad interior –generada por el desequilibrio de energías– estableciendo una falsa seguridad externa, ba-

Un exceso de energía masculina

sada en la competitividad y en el control. Todo ello genera individuos muy dependientes de cómo piensan, sienten y actúan los demás.

Desconectados de su guía interior original, los individuos adquieren un ego tenso y ansioso que necesita un reconocimiento constante y que busca una posición de dominio en todas las situaciones. Viven una falsa sensación de poder que les asfixia el alma porque no procede de su esencia interior.

La persona que se inclina dramáticamente hacia la energía masculina de penumbra tiene miedo a dejarse equilibrar por la naturaleza suave y fluida de la femenina porque habita una sociedad también dominada por la analítica y la lógica en la que la empatía, la capacidad de diálogo, la atención a las necesidades de los otros y la protección de los débiles no se valoran como cualidades que cultivar.

Nosotras, las mujeres, es preciso que recordemos cómo antecesoras nuestras, mujeres valientes, arriesgaron su vida (muchas la perdieron) para lograr la igualdad entre géneros. Se alzaron para que hombres y mujeres tuvieran los mismos derechos. No creo en absoluto que combatieran para que la mujer trabajara más y más horas fuera del hogar y acabara la jornada exhausta por las tareas profesionales y familiares. Tampoco creo que persiguieran como ideal que la mujer se tornara más insensible e individualista, competitiva hasta el extremo y dejara en un rincón su capacidad empática y de cooperación.

Las mujeres hemos caído en el error de adoptar los patrones de la energía masculina devastadora. En lugar de tomar

Devolviendo su lugar a la energía femenina

su parte de luz hemos acogido en nuestro seno sus perversiones.

Por naturaleza, deberíamos tener mayor presencia de la energía femenina, pero llevadas por las circunstancias nos hemos habituado a negarnos ese privilegio.

En la misma línea que con lo que sucede en el conjunto de la sociedad, hemos aceptado tácitamente que lo energéticamente femenino tiene poco valor y no contribuye a conseguir el éxito. Esto es cierto si entendemos por éxito el acopio de bienes materiales y la sumisión a la opinión de los demás. Pero ¿de verdad que esto es el éxito? Y peor aún, ¿merece la pena semejante éxito que no tiene en cuenta el desarrollo de la persona y que ensalza tan solo la propia individualidad?

Lamentablemente, es frecuente ver en el ámbito laboral mujeres que han enterrado completamente su energía femenina de luz y compiten con una sobredosis de energía masculina en un mundo donde domina sin piedad la cara más virulenta de esta energía. Mujeres que luchan despiadadamente por un triunfo efímero.

Quizá las mujeres deberíamos reflexionar sobre el concepto de «igualdad». El que conocemos está instalado en la cultura patriarcal, en el mundo donde rige desbocada la energía masculina y nos engulle en una espiral destructiva.

Mujer, para, piensa, deja fluir tu energía femenina y entonces decide qué es igualdad para ti.

Por desgracia, el exceso de energía masculina en un hombre no es nada excepcional y puede observarse en múltiples circunstancias. Este «exceso» convierte a la energía propicia-

Un exceso de energía masculina

dora en devastadora. Piensa en cuántos individuos conoces focalizados excesivamente en su carrera profesional y que dejan de lado el cuidado y la dedicación a la familia en términos de atención y de cariño. Sabiéndose en su fuero interno desequilibrados, se consuelan alegando que trabajan con ahínco para que a los suyos «no les falte nada». Pero se engañan al abordar tan solo la superficialidad de lo material. Y ¿qué hay de lo intangible? En esta reflexión empieza para muchos la incomodidad.

Existe un elevado número de hombres que, al vivir atrapados en el sinsentido de querer competir, demostrar, aparentar, ambicionar…, sienten que este no es el camino que seguir. Viven inmersos en una lucha interna por cumplir con lo que de ellos se espera, con lo que la sociedad patriarcal ha marcado como regla que hay que seguir, y el profundo saber de que esta forma de vivir no tiene sentido alguno. Sufren enormemente. Animo a estos hombres a encontrar en su fuero interno los recursos necesarios para romper estas cadenas que los atan a una vida vacía. A abrir la espita de su energía femenina. A abordar con valentía el camino hacia el equilibrio de energías. Es algo que, rotundamente, SÍ pueden llevar a cabo. Si lo desean.

5.
El excedente de energía femenina

Las personas que tienen un porcentaje demasiado alto de energía femenina transmutan la energía armónica en amorfa. Este hecho conlleva un déficit drástico de energía masculina que les ocasiona la pérdida de su trayectoria, y se ven arrastradas por estados de ánimo y voluntades ajenas, con lo que desatienden los sentimientos y los deseos que les son propios. Y aunque acostumbran a ahondar en su interior, estas personas se sienten incapaces de expresarse emocional y creativamente en el mundo. No experimentan la sensación de estar centradas y enfocadas, les es difícil formular objetivos e imponerse metas personales.

Al amputar de raíz la competitividad, la lucha, la actitud resolutiva y la capacidad para defenderse, el individuo se convierte en una persona vacilante que reacciona a las energías de los demás de un modo excesivamente sensible. En estos casos, una sobredosis de empatía y consideración por los otros puede hacer difícil decir NO y establecer límites claros que aseguren la elaboración y la consecución de un proyecto de vida personal.

El excedente de energía femenina

La energía femenina fluida y receptiva necesita estar anclada o equilibrada con la fuerza y la decisión de la masculina para construir su *yo*. Esta es una asignatura pendiente para muchas mujeres que, educadas en la dulzura y la sumisión, encuentran inconveniente cuestionar el papel de mando y dominación del hombre. Bajo este esquema, vigente todavía en muchas sociedades actuales, la mujer se sitúa en un plano de indefensión y de renuncia voluntaria a su esencia como individuo.

Con menor frecuencia, observamos a hombres con un desequilibrio hacia la energía femenina. Esta circunstancia es doblemente dolorosa, pues al hecho de ver mermada su capacidad de entrar en acción se une la ardua tarea de ir en contra de lo establecido por las normas del patriarcado en el que estamos inmersos, cuyo modelo es que los hombres son masculinos y las mujeres femeninas.

Estos hombres suelen ser sensibles y creativos a la vez que dependientes. Se sienten perdidos, desubicados, fuera de lugar. Viven con desasosiego su relación con el mundo exterior mientras gozan de una intensa vida interior.

Si no logran equilibrar en cierta manera sus energías, su vida suele ser tormentosa.

6.
Las ventajas del equilibrio

La energía femenina y la masculina deben combinarse dentro de cada persona de una forma eficaz y dinámica, sin que una de ellas domine excesivamente sobre la otra de forma permanente. El equilibrio de energías es fundamental para generar hombres y mujeres íntegros y completos, que utilizan una u otra en función de la situación y las circunstancias.

Potenciar ambas energías e intentar que se conecten y se complementen es fundamental para sentirse equilibrado. Lograr que las dos energías trabajen en la misma dirección permite alcanzar las metas con mayor facilidad.

No hay una energía de luz mejor que la otra. Ambas son necesarias y se complementan. De esta forma, cada momento requiere de un tipo de energía concreta. Para emprender un proyecto, por ejemplo, necesitamos energía masculina propiciadora que nos permita competir, encontrar un nicho de mercado para nuestro negocio y enfrentarnos ventajosamente a la competencia, pero una vez que todo está en marcha deberíamos bascular hacia la energía femenina armóni-

Las ventajas del equilibrio

ca, que nos ayuda a ser más creativos y flexibles a la hora de satisfacer las necesidades de nuestros clientes.

Es el mismo equilibrio que se encuentra en otros ámbitos de la creación. Así, para que se produzca la electricidad tienen que existir dos polos de igual fuerza y su combinación es la que genera la energía.

El símbolo del yin y el yang también hace hincapié en esta compensación de contrarios para conseguir el equilibrio. La parte negra simboliza la energía yin o femenina, mientras que la parte blanca es la energía yang o masculina.

De acuerdo con este símbolo, donde acaba una comienza la otra, y viceversa. Aun así, podemos ver que dentro de la parte negra existe un círculo blanco, lo que significa que dentro del corazón femenino existe también la energía masculina, y también ocurre lo mismo en la parte blanca. Esto nos explica de una forma muy gráfica que cada una necesita de la otra para complementarse y lograr la perfección.

Nuestra sociedad tolera y promulga la asimetría entre la energía femenina y la masculina. Este desequilibrio gesta y ceba a la energía devastadora. Se trata de una fuerza que se alimenta de la flaqueza contraria, por lo tanto, debemos aislarla para desnutrirla. Ella misma debe confrontarse con su sinsentido hasta ver el absurdo de la realidad que ha creado. Entonces empezará a perder intensidad.

Y será posible mediante la evolución de la conciencia individual.

7.
¿Qué puedo hacer para equilibrar las energías?

Es universal el acceso a ambas energías. Lo preciso es que aprendamos cómo evocarlas en cada circunstancia que requiera de una en concreto.

1. Ganar energía masculina

Te propongo un ejercicio que te ayudará a echar mano de la energía masculina cuando consideres que la necesitas. Este ejercicio utiliza una técnica de PNL (programación neurolingüística) que se denomina anclaje y que consiste en, precisamente, anclar un estado de ánimo ya experimentado para usarlo en el momento en que se desee.

Veamos su funcionamiento.

Busca un lugar donde puedas estar tranquilo, sin ruidos ni distracciones. Ponte derecho, mejor descalzo, con los pies ligeramente separados. El cuerpo, totalmente vertical, la espalda recta y la vista al frente. Cierra los ojos y toma

¿Qué puedo hacer para equilibrar las energías?

una respiración profunda: inspira y deja que el aire absorbido circule por todo tu cuerpo, exhala dejándolo escapar sin esfuerzo, como si estuvieras vaciando un globo. Repítelo tres veces más. Abre los ojos y con la imaginación dibuja un círculo enfrente de tus pies.

Busca en tu mente algún recuerdo donde estuvieras ejerciendo cualquier acción donde la energía masculina de luz estuviera claramente presente (quizá dando firmemente tu opinión frente a un grupo de colegas o bien tomando las riendas cuando una situación se estaba tornando caótica). Cualquier situación en la que estés en acción, en la que te sientas seguro, donde tengas el control, servirá.

Una vez que hayas elegido ese recuerdo colócalo en el círculo que has trazado mentalmente en el suelo. Da un paso al frente y entra en el círculo donde lo has ubicado. Cierra los ojos. Ahora estás en el recuerdo, así que tómate el tiempo que necesites para experimentar nuevamente lo que sentiste en aquella ocasión.

Cuando hayas conectado con el recuerdo respira varias veces de forma profunda para que las sensaciones se expandan por todo tu cuerpo. Realiza una última inspiración y justo en el momento en que se hincha tu abdomen por el aire introducido coloca tu mano derecha encima del hombro izquierdo. Expulsa lentamente el aire y retira la mano. Cuando consideres, abre nuevamente los ojos.

Acabas de anclar en tu mente la sensación que te provoca la energía masculina propiciadora. A partir de ahora, en cualquier momento que consideres necesaria la presencia de

Devolviendo su lugar a la energía femenina

esta energía, tan solo tendrás que tocar tu hombro izquierdo con tu mano derecha para que se dispare ese estado deseado.

Este mecanismo es el mismo que posiblemente habrás experimentado al escuchar determinadas canciones que te provocan melancolía o bien te activan, o quizá también al volver a oler una fragancia determinada que te traslada inmediatamente a algún recuerdo.

Da un paso atrás y sal del círculo. Si es la primera vez que realizas un anclaje, es posible que necesites repetir el ejercicio alguna vez más. Practica tantas veces como necesites, llegará un momento en el que el acceder al estado deseado será casi automático con tan solo requerirlo.

Si te resulta complicado memorizar el ejercicio para poder realizarlo, puedes grabarlo para reproducírtelo cuando vayas a hacerlo o bien puedes pedirle a una persona de tu confianza que te vaya guiando en los pasos descritos.

UN CALLEJÓN SIN SALIDA
Debido a mi trabajo en un sector tan masculinizado y competitivo como el financiero, he tenido que participar en múltiples reuniones en las que la presencia femenina era escasa. En no pocas ocasiones yo era la única mujer en la sala. Esta falta de mujeres coincidía a su vez con un déficit brutal de energía femenina. Algunas de estas reuniones eran maratonianas, horas y horas revisando cifras e intentando llegar a algún acuerdo para seguir avanzando en aspectos concretos. Empezaban entonces discusiones sobre si esto o aquello

¿Qué puedo hacer para equilibrar las energías?

o lo de más allá. La intolerancia, la inflexibilidad y la falta de empatía flotaban en el ambiente.

Con toda certeza, esta misma escena debe repetirse en infinidad de ocasiones, incluidas aquellas reuniones o negociaciones políticas donde hay mucho en juego, donde el futuro de determinadas personas va a depender de los acuerdos que se alcancen. Lamentablemente, en este tipo de situaciones la energía femenina armónica es escasa o nula en un porcentaje muy elevado. Entonces emergen barreras y terreno yermo donde la cesión y concesión no son posibles. Miras cortas e individualismo, sin empatizar con la contraparte. Aparecen la frustración y el resentimiento, con las consecuencias que acarrean.

Solo el calor de la energía femenina puede conducir estos bloqueos, conflictos, diferencia de intereses, hacia una salida.

2. Abrirnos a la energía femenina

El ejercicio propuesto anteriormente para evocar la energía masculina es igualmente adecuado para anclar la femenina. Solo es preciso que el recuerdo que busques gire en torno a cualquiera de los atributos de esta energía. La mecánica sería exactamente la misma.

Hablando de atributos de la energía femenina, de la de luz, quisiera comentar uno de los que considero más esenciales. Se trata de la flexibilidad en contraposición a la rigidez

Devolviendo su lugar a la energía femenina

de la energía masculina de penumbra. Quizás una de las formas más sencillas de hablar de flexibilidad es hacerlo metafóricamente. Usaremos, a tal efecto, el junco.

El junco es esa planta larguirucha y de aspecto enclenque que crece a la vera de los ríos. Tiene la particularidad de que antes de brotar en la superficie lo hace bajo tierra. Al menos durante un par de años va desarrollando sus raíces y cuando ya está bien arraigado aparece el tallo y despliega toda su verticalidad.

Vientos huracanados que pueden arrancar de cuajo un roble no consiguen desarraigar ni un milímetro al junco. Con su envite se inclina de izquierda a derecha hasta tocar el suelo, pero tozudamente recupera de nuevo su posición original.

No hay cosa más flexible que un junco, capaz de amoldarse a lo que acontece a su alrededor sin sufrimiento, sin sucumbir. No hay cesión, sino conexión, dejándose fluir como en una especie de baile simbiótico.

La buena noticia es que la flexibilidad como actitud se puede entrenar de la misma manera que se puede entrenar la flexibilidad de nuestro cuerpo físico.

Te propongo un pequeño ejercicio para que empieces tu entrenamiento.

Piensa en un tema sobre el que tengas una opinión claramente formada y en el que, de hecho, puedas llegar a ser bastante intolerante. Algunos ejemplos, por si te inspiran: ¿debería prohibirse que las mujeres llevaran velo?, ¿debería tolerarse de nuevo que se fumara en los restaurantes?, ¿el aborto debería estar permitido?

¿Qué puedo hacer para equilibrar las energías?

Una vez que hayas elegido el tema, coge una hoja de papel y divídela en dos partes. En una escribe todos los argumentos posibles para defender tu punto de vista. En la otra, esfuérzate para redactar tantas razones como puedas para apoyar la tesis contraria a tu punto de vista. Luego reflexiona: ¿cómo te has sentido cuando argumentabas en contra de tus convicciones?

Una vez acabado el ejercicio constatarás que, aunque sea levemente, ha disminuido la rigidez inicial. Trata de tomar como hábito argumentar en sentido contrario a tus convicciones, especialmente cuando estas sean radicales.

Ahondando en el concepto de flexibilidad, me gustaría compartir contigo la idea de que las cosas no son de una determinada manera, sino que dependen del ángulo desde donde se miren. Como sostiene la programación neurolingüística, «el mapa no es el territorio», es decir, nuestra opinión no tiene por qué ser la certeza, es tan solo nuestra interpretación de lo que observamos o experimentamos.

CUANDO LAS COSAS NO SON LO QUE APARENTAN SER
Durante siglos la humanidad creyó que la Tierra era plana. Este convencimiento se basaba en la observación y en una interpretación falsa de lo que las Sagradas Escrituras afirmaban sobre este particular. Ese punto de vista fue unánime hasta que Copérnico, sabio y místico de origen polaco, sorprendió con su teoría de que la Tierra era redonda como una bola y que las personas vivían sobre su superficie.

Devolviendo su lugar a la energía femenina

Si tenemos la humildad de aceptar que no somos poseedores de la verdad, sino que nos limitamos a interpretar lo que vemos o lo que experimentamos, estaremos a un paso de acceder a la flexibilidad.

Conclusiones

Vive en nuestro ser una energía masculina y otra femenina. La primera, si se corrompe, se torna devastadora, pero si fluye, es propiciadora. Cuando la energía femenina está en plenitud, es armónica, pero amorfa cuando se degrada.

Determinemos cuán armónica o amorfa es nuestra energía femenina y cómo de propiciadora o devastadora es la masculina.

Debemos tomar conciencia de cuál es nuestra energía dominante y valorar si, efectivamente, este es el patrón que queremos seguir.

Tengamos la valentía suficiente para tomar la decisión de modificar la correlación entre nuestras energías en aras de encontrar el equilibrio.

Pongamos, de este modo, los cimientos para construirnos una vida más plena, que redunde en nuestro propio bienestar, pero también en el de los demás. Que contribuya a tejer una sociedad mucho más consciente, mucho más sostenible.

Las energías, cuando no predominan, cuando se miden por igual, generan plenitud. La calidez de la femenina se conjuga a la perfección con la fuerza de la masculina.

Devolviendo su lugar a la energía femenina

Una más que la otra no tiene sentido; una sin la otra, tampoco.

Frases para reflexionar

Te dejo unas frases que recogen los mensajes principales del capítulo y sobre las que puedes reflexionar:

1. Existe una energía femenina en claro desequilibrio con la energía masculina. Ambas son igual de necesarias.
2. En la energía femenina reside una enorme fuerza.
3. La energía masculina es la del ataque y la huida.
4. La energía masculina es intolerante y prepotente.
5. La energía masculina es la de la acción.
6. Para tomar decisiones necesitas la energía masculina.
7. Para arrancar un proyecto necesitas la energía masculina.
8. Para que no te pisen necesitas la energía masculina.
9. La energía femenina es la de la tolerancia.
10. La energía femenina es la de la cooperación.
11. La energía femenina es la que da espacio a la diversidad.
12. La energía femenina es la que te permite trabajar en equipo.
13. La energía femenina es la de la concordia.
14. La energía femenina es la que arropa.
15. El exceso de energía femenina no nos permite avanzar.
16. El desequilibrio de la energía femenina nos ahoga en los sentimientos.

Conclusiones

17. Abusar de la energía masculina nos ha llevado a la situación actual.
18. Podemos corregir el desequilibrio si existe la voluntad para ello.
19. Muchas mujeres niegan la relevancia de la energía femenina debido a un complejo de inferioridad.
20. Muchos hombres admiran esta energía, pero la rechazan por pudor.
21. El mundo, al regirse por las normas de la energía masculina devastadora, ha enfermado.
22. Se ha denostado la energía femenina.
23. El mundo está enfermo y el poder de la sanación recae en la energía femenina armónica.
24. No hay nada vergonzoso en ser sensible.
25. La flexibilidad es el primer paso para cambiar.
26. Crea con la energía femenina y ejecuta con la masculina.
27. Una alimenta a la otra y las dos conforman el todo.

Segunda parte
Cuida y mima
la riqueza que atesoras

1.
Quiérete mucho

> Somos fruto de la perfección del universo, así que no es posible que no seamos en esencia maravillosos.
> Debemos respetarnos y ensalzarnos como lo que realmente somos.

Veíamos en la primera parte la necesidad latente que existe de sanar nuestro mundo enfermo de intolerancia y abusos.

De la misma forma, nosotros, individualmente, también precisamos de cuidados atentos, pues igualmente estamos sometidos al delirio destructivo de la energía masculina devastadora.

Tanto es así que en innumerables ocasiones nos quejamos por la forma en que nos tratan los demás y de forma genérica solemos lamentarnos por circunstancias que nos rodean como si no fueran atribuibles a nuestra persona. De hecho, tenemos frases acuñadas que sirven de ejemplo, como «qué mal me trata la vida», cuyo trasfondo es el que estamos comentando.

Cuida y mima la riqueza que atesoras

Pero ¿y qué hay de la forma en que yo me trato a mí mismo? ¿Me muestro respeto? ¿Me quiero, me mimo, me perdono por las faltas que pueda cometer dándome una nueva oportunidad? O bien, por el contrario, ¿me fustigo y me maltrato recriminándome infinidad de hechos una y otra vez?

Venimos a este mundo para aprender, adquirir nuevos niveles de conciencia y de este modo perfeccionar nuestra esencia. Todos y cada uno de nosotros tenemos aspectos de luz y aspectos de sombra, y ambos son necesarios para nuestro progreso. Rechazar nuestra parte oscura nos genera una tremenda ansiedad y un enorme consumo de energía que no conducen a ninguna parte. El camino está en aceptar nuestra dualidad y en llevar hacia la luz nuestra penumbra.

2.
Dando pasos hacia la aceptación de uno mismo

Conformamos parte de un todo infinito, donde todo es posible, donde todo se da. A título individual, tenemos un sinfín de cualidades que, sin embargo, nos negamos o no reconocemos.

Lo menos relevante de este proceso creativo del cual provenimos es nuestro aspecto, al que, paradójicamente, le prestamos la máxima atención. De este modo, lo más material que nos ha sido concedido es nuestro cuerpo, al que prestamos una devoción extrema.

Mal interpretado como elemento sexual, de admiración o deseo, debería ser objeto de culto, pero no por su apariencia física, sino por su cualidad de albergar nuestra alma. De hecho, deberíamos rendirle tributo por ser *el templo de nuestra alma*. Si buscamos la definición de *templo*, encontraremos que se describe como «lugar donde se considera que reside algo noble, digno de ser venerado». ¿Existe algo más preciado que nuestra alma?

Cambiemos esa mirada crítica y muchas veces despectiva con la que acostumbramos a ver nuestro cuerpo y démosle

Cuida y mima la riqueza que atesoras

ese tipo de mimo con el que los fieles cuidan de sus templos, ya sean sinagogas, pagodas, iglesias o catedrales.

Te propongo ahora un sencillo ejercicio para que mires con ojos renovados tu cuerpo.

Ponte en un lugar donde te sientas a gusto y puedas estar tranquilo durante un ratito. Siéntate cómodamente. Deja a tu lado un espejo de mano. Realiza tres respiraciones profundas. Empieza a recorrer con la mirada tu cuerpo y piensa en el servicio que te presta cada una de sus partes. Comienza por los pies y reconoce el arduo trabajo que hacen soportando todo tu peso y trasladándote de un sitio a otro. Continúa por las piernas y admira su flexibilidad a través de la articulación de la rodilla, que te permite subir, bajar, saltar o bailar. Fíjate ahora en la parte donde se alojan los órganos sexuales y reconoce y agradece su función reproductora a la vez que el placer que pueden albergar. Más arriba, la columna vertebral, que te permite permanecer erguido. En la parte delantera observa tu pecho, que protege el motor de tu cuerpo: tu corazón. Posa tu mano encima y siente cómo palpita. Ya en la cabeza observa qué maravillas: la boca, que emite sonidos, recibe los alimentos, descodifica los sabores o besa. La nariz, que filtra el aire que necesitas para respirar a la vez que transmite los olores. Y por fin los ojos, uno de tus canales de conexión prioritario con el exterior.

Coge ahora el espejo que tenías reservado y mírate a los ojos. Hazlo profundamente y aguantando la mirada un buen rato. Observa lo que hay detrás de esa mirada: una vida, otra y otra y mucho más. Detrás de esa mirada está todo lo que pueda haber, es una visión infinita. Intenta decir sinceramente: «Te veo y te reconozco».

¿Cómo te sientes?

3.
La salud, nuestro estado natural

En términos generales, el estado natural de nuestro cuerpo es estar sano, pues la enfermedad suele poner de manifiesto alguna deficiencia o mal funcionamiento del mundo perceptivo. De hecho, las sintomatologías físicas tienen casi siempre alguna traslación al entorno emocional.

Ámbitos como la biodescodificación afirman que si la persona llega a encontrar la emoción que se esconde detrás de un síntoma (que a la vez se asocia a una enfermedad) y logra descodificar su sentido, podrá acceder a la curación mediante la liberación de dicha emoción. Dicho de otro modo, los desequilibrios emocionales tienen una afectación física, así que tratando esa emoción podremos revertir el impacto físico que esté causando.

Pongamos un ejemplo para ilustrarlo. Supongamos que el dolor que nos acecha es de cuello. Esta es una parte del cuerpo importante, pues une la cabeza con el resto del organismo y, en otro plano, conecta lo espiritual con lo material. El dolor al que me refiero no es interno, sino el que se pue-

La salud, nuestro estado natural

de manifestar cuando movemos la cabeza sin ser tan intenso como para etiquetarlo de tortícolis.

Dado que es una parte muy flexible de nuestro cuerpo, cuando aflora un problema suele tener relación con un comportamiento rígido o inflexible de la persona que lo padece. Sería preciso que quien lo sufre reflexionara en torno a qué situación puede estar demandando más flexibilidad a fin y efecto de liberar esa emoción y, consecuentemente, su efecto físico.

A veces no nos resulta nada sencillo acceder a la emoción que pueda haber tras una sintomatología física. Para lograrlo puedes ayudarte de una técnica tan sencilla como la que te propongo a continuación. Pero antes querría compartir contigo una información.

> **LA TEORÍA DEL DESDOBLAMIENTO DEL TIEMPO SEGÚN EL FÍSICO JEAN-PIERRE GARNIER**[1]
>
> Esta teoría defiende que existen dos tiempos diferentes que tienen lugar simultáneamente: un segundo en un tiempo consciente y miles de millones de segundos en otro tiempo imperceptible en el que podemos hacer cosas cuya experiencia pasamos luego al tiempo consciente.
>
> Según Garnier, tenemos la sensación de percibir un tiempo continuo, sin embargo, tal como demuestran los diagnós-

---

1. Esta es una reflexión sobre «Nosotros, como el tiempo, también nos desdoblamos» (2010). *La Vanguardia*, 9 de noviembre.

Cuida y mima la riqueza que atesoras

ticos por imágenes, en nuestro cerebro se imprimen solamente imágenes intermitentes.

El desdoblamiento del tiempo da como resultado la vivencia en tiempo real y la vivencia en tiempo cuántico. Y esto significa que existe un yo real, pero también un yo cuántico.

Según afirma el físico, entre el yo consciente y el yo cuántico se da intercambio de información. En física se llama hiperincursión y está totalmente demostrada.

Cuando estamos profundamente dormidos es el momento en que se da el intercambio entre el cuerpo y la energía, en el que el yo cuántico transmite la información.

Así pues, tenemos acceso a una fuente de información infinita a través del contacto con nuestro yo cuántico.

4.
Conecta con tu inconsciente

La técnica que quería proponerte es la siguiente.

Una vez en la cama y justo en los instantes anteriores a quedarte dormido, en lo que se llama el presueño, ponte en contacto con tu inconsciente y dile que necesitas más información para entender un síntoma en concreto. Para hacerlo, realiza tres respiraciones profundas y di para tus adentros: «Parte inconsciente, ayúdame a descifrar el mensaje que entraña mi dolor de cuello (por seguir con el ejemplo)». Dile que te indique explícitamente el porqué de ese malestar. Podrías preguntar: «¿Cuál es el motivo que causa mi dolor de cuello?».

Mientras estás profundamente dormido el inconsciente realizará su trabajo y en pocos días, sin entender cómo, tendrás una certeza acerca de lo que motiva tu síntoma. Luego solo te queda ponerle remedio. En nuestro caso podríamos suponer que la comprensión a la que he llegado es que estoy siendo excesivamente intolerante con uno de mis hijos, por ejemplo. El paso siguiente podría ser entablar un diálogo

Cuida y mima la riqueza que atesoras

con él y ver cómo podemos aproximar nuestros puntos de vista. A partir de ese momento el dolor de cuello se diluirá paulatinamente.

5.
Siete formas de cuidar tu ser

En los países curiosamente llamados «desarrollados» tenemos menguado el acceso al equilibrio y a la autosanación. Apartados de la naturaleza en cualquiera de sus formas y rodeados de cemento, estamos fuera de nuestro hábitat natural. No andamos descalzos para poder estar en contacto con la tierra madre, ni recibimos la energía de los árboles o los reconfortantes iones de la brisa del mar.

Por el contrario, estamos sometidos a todo tipo de agresiones, como la contaminación atmosférica o acústica, que generan altas dosis de estrés que se contagia de unos a otros.

Esta es una pequeñísima muestra de factores que, inducidos en mayor medida por la energía masculina devastadora, no nos facilitan en absoluto conectar con nuestra esencia.

Por tanto, es absolutamente necesario que aprendamos a cuidar tanto de nuestro cuerpo como del tesoro que contiene.

A parte de las recomendaciones básicas de cuidado de uno mismo, como son el hacer ejercicio de forma regular o mantener una dieta equilibrada (preferentemente vegetariana) y que corresponden más bien a prestar atención

Cuida y mima la riqueza que atesoras

a nuestro «templo», hay otros aspectos igualmente necesarios y cuyo enfoque se alinea más con el cuidado del alma. Estos son los que te propongo:

1. Que tu alimento no sean ni la radio ni la televisión

A lo largo del día recibimos una cantidad ingente de impactos visuales y auditivos que condicionan nuestro estado de ánimo, a la vez que predisponen nuestra percepción sobre la presunta realidad que nos rodea. Mensajes a veces evidentes y a veces subliminales que modulan nuestro carácter.

Constantemente somos bombardeados por misivas que traspasan nuestro consciente para impactar en nuestro inconsciente y grabar lo que debemos entender por bueno y por malo (la dieta mediterránea es buena, tomar el sol es malo), por bonito y por feo (tener un cuerpo atlético es bonito, tener un rostro con arrugas es feo), por éxito y por fracaso (acumular bienes materiales es éxito, no conseguir un determinado estatus social es fracaso), etcétera.

Mientras digerimos la avalancha de información diaria, nuestra mente no dispone de espacio suficiente para procesar las experiencias vividas y sacar los aprendizajes oportunos. Se ve obligada a archivar en la «carpeta de pendientes» los *inputs* recibidos y centra su atención en los ruidos informativos. De este modo nuestro proceso evolutivo se va deteriorando.

Paralelamente a esta circunstancia se dan dos momentos al día que son absolutamente cruciales y a los que no sole-

Siete formas de cuidar tu ser

mos prestar la atención que requieren: uno es cuando alimentamos nuestro cuerpo físico y el otro cuando lo disponemos para el descanso.

El momento de comer debería ser un instante de sosiego y recogimiento, pues es el acto central de cuidado del templo de nuestra alma. Debería empezar con un agradecimiento sincero a la disposición de los alimentos y una masticación sin prisas, de forma que resulte un acto agradable. Por el contrario, es muy habitual comer enfrente del televisor, digiriendo tanto alimentos como noticias, engullendo de forma mecánica, banalizando algo tan trascendente.

Lo mismo acontece con el momento previo al descanso. El sueño es tan vital para nosotros como la alimentación. En ese acto se repone la energía y se procesa toda la información recopilada durante el día. Es fundamental tener un sueño reparador para que nuestro cuerpo y nuestra mente funcionen sin incidencias. Para ello sería preciso que preparáramos nuestro descanso como si de un ritual se tratara: un buen rato antes de irnos a acostar ir bajando el nivel de actividad y acondicionar la estancia. Desconectar paulatinamente la mente para facilitar el tránsito hacia el sueño sería lo ideal.

Lo que acontece es que muchas personas juegan al ordenador, escuchan la radio o bien miran la televisión antes de dormirse o, peor aún, se quedan dormidas en este contexto.

Intenta que este no sea tu caso y crea un ambiente placentero antes de dormirte. Si es posible, medita unos minutos y justo antes de abrazar el sueño dirige tu atención hacia lo que desees que tu inconsciente vaya trabajando mientras tu consciente duerme.

2. Intenta que tus vibraciones sean altas

La física cuántica asevera que la energía y la materia son dos polos de la misma esencia, y que esta es la única sustancia universal. Las moléculas de que se compone cualquier clase de materia, incluido el cuerpo humano, están en constante vibración. Por tanto, cada uno de nosotros es un sistema de energías en continua vibración. Nuestros cuerpos crean bandas de energía electromagnética que permiten emitir y absorber información, y forman parte de un sistema infinito que lo engloba todo.

Los seres humanos evolucionamos a través de las vibraciones y estas provienen de nuestras emociones. Un sentimiento positivo aumenta nuestra frecuencia de vibración, mientras que uno de negativo nos induce a una baja vibración.

Al ser entes energéticos, los humanos somos el imán más potente del universo. Esto conlleva que atraemos aquello que vibramos. Si nuestra actitud es de generosidad y gratitud, eso es lo que atraeremos, mientras que si vibramos por la ira o el rencor, serán esas emociones las que recibiremos de los demás.

La crítica no constructiva como ejemplo de vibración baja
Criticar, por ejemplo, es una actitud que nos lleva a un estado de vibración muy bajo que, llevado al extremo, puede

incluso destruirnos. Ahondar sistemáticamente en el descrédito de las personas y de las circunstancias que nos rodean mina de forma sustancial nuestras capacidades y nos coloca en una posición muy vulnerable.

Trata de evitar a toda costa dejarte arrastrar por el hábito de la crítica forzándote a distanciarte de las personas que han caído en esta dinámica. Se trata de adquirir una nueva conducta, y esto se logra a base de repeticiones. Puedes fijarte como meta alcanzar veintiún días enteros sin haber hecho ninguna crítica para que se instale en ti este nuevo hábito.

Ten en cuenta que dar la opinión o criticar no es lo mismo. Lo primero es poner de manifiesto la visión que uno tiene sobre algún acontecimiento o circunstancia sin entrar a valorar el comportamiento o la actitud de las personas. Uno puede opinar sobre cómo en su caso desarrollaría un acto en concreto, pero no sobre cómo esa persona lo ha llevado a cabo, pues así estaríamos cayendo en la crítica. Por ejemplo, decir «si yo hubiera tenido que decidir de qué color pintar la habitación, habría escogido el verde» es una opinión, mientras que decir «te ha quedado fatal la habitación pintada de azul» es una crítica.

La compasión como ejemplo de vibración alta
En el lado opuesto tenemos la compasión, que es la forma más elevada de vibración posible. La compasión es el sentimiento de aprecio por los demás y el deseo de liberarlos de su sufrimiento. Hay que prestar atención a este sentimiento, pues en ocasiones lo confundimos con algo que no es más que una

conducta egoísta. Así, podemos desear que un amigo o familiar se libere de su sufrimiento no por haber experimentado una auténtica compasión, sino por un impulso egoísta de liberarnos nosotros también del sufrimiento de verlo padecer.

De este modo es difícil sentir compasión por personas que no son de nuestro agradado e incluso por desconocidos. Además, solemos limitarnos a sentir compasión por los seres cuyo sufrimiento es evidente o bien comparten nuestros mismos valores, pero no por aquellos que bajo nuestro punto de vista tienen comportamientos no deseados. Lograr una compasión sincera y profunda que nos permita vibrar alto es un largo camino de aprendizaje que es preciso emprender.

> **VIBRAR ALTO, VIBRAR BAJO**
> La vibración de las personas va ligada a sus emociones internas. Vibras alto con la compasión, el agradecimiento, la comprensión, la confianza, el desapego, la bendición y el amor incondicional.
>
> Por el contrario, se vibra bajo con el odio, el rencor, la envidia, la codicia, la pelea, la crítica o el miedo.

3. Cultiva la gratitud

Otra forma muy sencilla de cuidarnos e incluso de sanarnos es a través de adoptar una postura de agradecimiento por todo lo que nos ocurre y lo que nos rodea. Consiste en cambiar la mirada buscando esencialmente la naturaleza positiva de lo que acontece. Para acostumbrarte, empieza por la observación atenta de situaciones extraordinarias a las que, por cotidianas, no les prestas atención.

Me refiero, por ejemplo, al maravilloso espectáculo de la salida del sol, a la calidez del canto de los pájaros o a la sonrisa franca de un bebé. Si tienes perro, admira su bondad incondicional. ¡Dime si todos estos regalos no merecen ser agradecidos!

Es bueno cultivar el hábito de agradecer en silencio los pequeños detalles que nos rodean cada día (gracias por este día de lluvia que ayudará a limpiar el ambiente o gracias por este momento de paz mientras me tomo el desayuno por la mañana) y mantener esta actitud tan presente como nos sea posible.

> **ENTRE LA GRATITUD Y LA GENEROSIDAD**
> «Bienaventurados los que dan sin recordar, y los que reciben sin olvidar.»
>
> **Madre Teresa de Calcuta**

4. Practica la generosidad

La gratitud también tiene su expresión en el dar sincero. Ofrecer sonrisas, palabras amables y demostrar confianza son símbolos de gratitud. Además, la generosidad tiene la enorme cualidad de actuar como un bumerán: si sonríes, recibirás sonrisas, si eres amable, te tratarán con amabilidad y si eres respetuoso, te respetarán. Es, sencillamente, la ley de la atracción. Lo único que debe tenerse en cuenta es que debe ser un gesto sincero.

> **UNA REFLEXIÓN SOBRE EL DINERO**
> Algunas personas tienen el convencimiento de que el dinero es ruin y que es el origen de nuestros males. Posiblemente así sea, pero no por sí mismo, sino por su mal uso. De este modo, lo que hace vil al dinero es su retención, de la misma manera que el agua es una bendición cuando circula, pero se pudre cuando está estancada.
>
> El universo es abundancia infinita y nosotros, como parte de él, también tenemos acceso a ella. Por tanto, no hay nada malo en ganar dinero siempre y cuando se tenga la generosidad de practicar la caridad sincera.

5. Agradece lo que la vida te depara. Todas las experiencias que vives tienen un mensaje para ti

A menudo se dan circunstancias que nos incomodan o perturban. Nos quitan el sueño y no alcanzamos a comprender por qué nos ocurren precisamente a nosotros. Todas y cada una de estas circunstancias entrañan un aprendizaje. Y lo relevante es que hasta que hayamos interpretado el mensaje que para nosotros contiene y lo hayamos integrado, esta misma experiencia se repetirá a lo largo de la vida en múltiples versiones.

Pongamos un ejemplo. Supongamos que en mi primer trabajo me he topado con un jefe que me trata de forma despótica, despreciando mis aportaciones por mucho que me esfuerce en satisfacer sus demandas. Decido abandonar la empresa, pues no soporto la tensión diaria que sufro. Al cabo del tiempo y esta vez tomando forma en mi compañero sentimental, vuelvo a encontrarme en la misma tesitura de compartir espacio con una persona intolerante e irrespetuosa. ¿Cómo puede ser que me rodee siempre de este tipo de personas? Pues quizá porque tienes pendiente aprender a confiar en ti mismo, en tus capacidades, y la vida no deja que te escabullas y huyas de esta comprensión, sino que te enfrenta una y otra vez con ella hasta que reúnas el coraje para aceptarla e integrarla y, de esta forma, seguir el camino de tu evolución.

Así pues, cuando estés frente a una situación estresante, agradece la oportunidad de aprendizaje que comporta, lee el mensaje que solo para ti entraña y busca en tu interior el valor que precisas para superarla.

6. Integra tu pasado y todo lo vivido

Como venimos comentando, nuestro tránsito en la vida es para aprender y evolucionar nuestra conciencia. Cada individuo tiene un ritmo de evolución distinto y no es mejor uno que otro, pues no son comparables, de la misma manera que no es superior un niño por saber leer estando en segundo de bachillerato que otro que todavía no tiene comprensión lectora, pues está en primero de párvulos.

Como decíamos en el punto anterior, para evolucionar precisamos acumular experiencias y, ante todo, integrar los conocimientos que de ellas se derivan. Por amargas y desagradables que hayan sido, todas han tenido una razón de ser y entrañan una lección. De este modo, las que hayamos procesado han representado un paso hacia delante para nosotros.

REVISANDO LA PELÍCULA DE MI VIDA
Siéntate en un lugar donde puedas estar tranquilo. Coge papel y lápiz. Ten en cuenta que este ejercicio puede tener una duración considerable. Crea el ambiente que necesites para sentirte cómodo y relajado. Realiza tres respiraciones profundas. Ahora deja tu mente libre para que te vaya trayendo recuerdos sobre distintos episodios de tu vida. Anota todo lo que pase por tu cabeza, en especial las emociones que generaba cada situación. No discrimines nada, solo deja fluir los pensamientos.

Cuando sientas que has terminado, lee lo que has escrito y subraya todo aquello que corresponda a una experiencia. De cada una de ellas trata de discernir cuál debía ser el aprendizaje que entrañaba. Anótalo.

> Finalmente, agradece haber pasado por cada una de las experiencias y la sabiduría que te han aportado. Hazlo una por una. Puedes acompañarlo de algún ritual que a ti te haga sentir bien como encender una vela o quemar incienso.

Es preciso que, periódicamente, vayamos revisando el camino que hemos recorrido, viendo qué nos ha aportado cada circunstancia, agradeciendo la lección que ha entrañado e integrándola, pues ha contribuido a moldear nuestro ser.

7. Ejercita el perdón

A veces nos ocurre que quedamos atrapados por emociones vividas tiempo atrás. Emerge un sentimiento de tristeza, melancolía, odio y rencor que no nos permite seguir adelante. Es como si nos hubieran colgado un gran peso de una cuerda atada a nuestra cintura que nos obliga a permanecer en el mismo lugar, sin avanzar.

En estas circunstancias lo único factible es el perdón. No podemos seguir acarreando sentimientos negativos a lo largo de nuestra vida, pues van a lastrar nuestra evolución y comportarán una alta dosis de infelicidad. Es preciso perdonar tanto a los demás como a nosotros mismos.

Para ser personas equilibradas y libres, capaces de manejar nuestros sentimientos, es requisito indispensable que hayamos integrado a nuestro padre y a nuestra madre, así como a nuestros ancestros.

Es frecuente que tanto hombres como mujeres sientan cierto desdén por la figura paterna, materna o ambas. Que guarden rencor por situaciones vividas. Que conserven recuerdos que les generan desasosiego.

No hay más remedio que aceptar lo vivido y perdonarlo. Si fue así es porque no podía ser de otra forma. Por dura que resulte esta afirmación hay que tener en cuenta que cada persona hace lo mejor que puede en cada momento porque si no, lo haría de una forma distinta. Cada uno de nosotros actuamos de una forma concreta en un momento determinado porque esa es la mejor manera para nosotros en esa circunstancia única.

Perdonar sinceramente cualquier sentimiento negativo que tengamos en relación con la figura paterna es esencial para nosotros. Esta figura encarna la energía masculina. Sin esta integración corremos el riesgo de dificultar el acceso interno a la toma de decisiones, la fuerza para reafirmarnos como individuos, etcétera.

Acontece lo mismo con la figura materna. Necesitamos integrarla para acceder plenamente a nuestra energía femenina. Es preciso que perdonemos sinceramente aquello que distorsiona nuestra relación con nuestra madre para que el acceso a los atributos de dicha energía se libere.

REDACTANDO LA CARTA DEL PERDÓN

Si quieres liberarte de algún sentimiento negativo hacia tus progenitores (estén vivos o no), puedes realizar este sencillo ejercicio.

Coge papel y lápiz y sitúate en un espacio tranquilo donde nadie te moleste durante una hora aproximadamente. Siéntate en una silla y coloca otra vacía justo enfrente de ti, como si fuera a ocuparla una persona y estuvierais cara a cara.

Piensa durante el rato que precises todo aquello por lo que le guardas rencor a tu padre o a tu madre. Ve anotándolo. No te dejes guardado ningún sentimiento. Lo importante es que vacíes toda tu negatividad.

Ahora piensa en algún recuerdo positivo asociado con esa persona. Esfuérzate por encontrarlo, y si son varios, mucho mejor.

Mira ahora la silla vacía que tienes enfrente de ti e imagínate que en ella está sentada la persona sobre la cual estás realizando el trabajo.

Dile, aunque no lo sientas, que la perdonas por todas y cada una de las cosas que has anotado anteriormente. Recítalas una a una. Ahora agradécele los buenos momentos que habéis compartido (nuevamente uno a uno).

Finalmente inclina levemente la mirada y di: «Yo te honro y te perdono».

Observa cómo te sientes.

6.
Cuéntate a ti mismo lo maravilloso que eres

Por norma general, prestamos más atención a aquello que no nos gusta de nosotros mismos. Nos ocurre tanto con el aspecto físico como con el emocional. Habitualmente tenemos un alto grado de autoexigencia y un bajo nivel de tolerancia hacia lo que consideramos errores.

Nos cuesta ver nuestras virtudes y, sobre todo, alabarlas. Y esta forma de proceder, a parte de ser muy injusta, no nos ayuda a avanzar. Así que te propongo un sencillo ejercicio que te mostrará lo maravilloso que eres.

Coge una hoja de papel y escribe en una lista tus cualidades físicas y en otra las intelectuales y emocionales. Ahora coge otra hoja y redacta una declaración sobre ti mismo y tus cualidades. Empieza escribiendo, «Yo (tu nombre completo)…», y a continuación nombra todas y cada una de tus cualidades utilizando la primera persona. Por ejemplo: «Yo, Mercè Brey Rodríguez, soy una mujer con unos preciosos ojos negros y una bonita melena. Tengo un carácter alegre y soy bondadosa y paciente…». Cuando acabes, léela en voz alta y observa qué sensación te produce. Guárdala en un lugar donde la tengas a mano para leerla al menos una vez por semana.

> **SOBRE LA ARENA, CUENTO DEL POETA LIBANÉS KHALIL GIBRAN**
> Dijo un hombre a otro:
> —Con la marea alta, hace mucho tiempo, escribí con mi cayado unas líneas en la arena. Y la gente aún se detiene para leerlas y cuida mucho de que no se borren.
> Y el otro hombre dijo:
> —Yo también escribí unas líneas en la arena, pero lo hice durante la marea baja. Y las olas del inmenso mar las borraron y breve fue su vida. Pero, dime, ¿qué fue lo que tú escribiste?
> Y el primer hombre respondió:
> —Escribí: «Soy lo que soy». Y tú, ¿qué escribiste?
> Y el otro hombre dijo:
> —Escribí esto: «Soy solo una gota de este mar inmenso».
>
> Me gusta especialmente este breve escrito por la enseñanza que contiene. «Soy lo que soy.» Plena aceptación de uno mismo. Sin atisbo de crítica. Y es así de sencillo: somos lo que somos, seres maravillosos.

Conclusiones

Decíamos en la primera parte del libro que el predominio de la energía masculina desbocada nos ha llevado al desequilibrio tanto individual como colectivo.

Si aspiramos a cocrear una sociedad justa y respetuosa, es preciso que, en primer lugar, trabajemos en el plano individual.

Debemos descubrir el ser maravilloso que albergamos.

Este viaje introspectivo solo podremos realizarlo de la mano de la energía femenina. Y el primer trayecto que recorrer es aprender a cuidar nuestra esencia y no solo nuestro cuerpo físico. Aceptarnos tal como somos, entender que nuestros predecesores tuvieron una razón de ser y honrarlos, aceptar e integrar todas las experiencias vividas son etapas imprescindibles.

> Te dejo un precioso mantra: «Soy más de lo que aparento, tengo toda la fuerza y poder del universo en mi interior».

Tercera parte
La incongruencia entre lo que hacemos y lo que queremos

1. ¡Lo que se cree... se crea!

Todos albergamos en nuestro interior un sueño por realizar.
Solo existe el presente, así que no dejes para mañana el cumplirlo.

Vivimos asediados por las exigencias, las obligaciones, las contrariedades..., la prisa nos acecha en cada esquina. No hay tiempo para detenerse y simplemente pensar, porque siempre hay algo más urgente que hacer. Conceder un pequeño espacio a la calma y la reflexión es una ardua tarea.

Nos limitamos a sobrevivir y hemos olvidado el significado de vivir, de vivir en mayúsculas, con pleno sentido en el aquí y ahora. Estando en el presente anclamos a menudo nuestras vivencias en el pasado, a veces con añoranza y otras con alivio, o bien nos limitamos a percibirlo como si se tratara de una sala de espera de acontecimientos mejores que aún están por venir.

John Lennon decía: «La vida es aquello que pasa mientras estás ocupado haciendo otros planes». A menudo, nos pasamos

La incongruencia entre lo que hacemos y lo que queremos

la vida esperando que suceda algo maravilloso que dé sentido a nuestra existencia, sin disfrutar ni apreciar todos esos momentos irrepetibles que te regala día a día el momento presente.

2.
Valorar el aquí y ahora

Vivir con la convicción de que todo acontecimiento presente es imperfecto y esperar con ansiedad un futuro que cuando se convierte en presente también deja de satisfacernos está ejemplificado en el popular cuento de *El carrete mágico*.

LA PERPETUA INSATISFACCIÓN DEL MOMENTO PRESENTE
En él, su autor nos cuenta cómo un joven príncipe ansioso, que desea llegar a la mayoría de edad para no obedecer órdenes de sus mayores y tomar posesión de sus poderes como rey, recibe un carrete de hilo de oro que representa todos los momentos de la vida que le quedan por vivir y que puede desenrollar a voluntad cuando el presente no le guste. El carrete mágico le advierte que el hilo desenrollado no puede volver a ovillarse de nuevo porque el pasado no regresa jamás.

El niño quiso comprobar si lo que decía la bobina era verdad. Tiró con fuerza del hilo y de pronto se encontró conver-

La incongruencia entre lo que hacemos y lo que queremos

tido en un apuesto príncipe. Tiró un poco más y se vio llevando la corona de su padre. ¡Era rey! Con un nuevo tironcito, dijo: «Dime, carrete, ¿cómo serán mi esposa y mis hijos?». En ese instante una hermosa joven y cuatro niños aparecieron a su lado.

Sin detenerse a pensar y llevado por la curiosidad, siguió soltando más el hilo para saber cómo serían sus hijos cuando fueran mayores. De pronto se miró al espejo y vio la imagen de un anciano de escasos cabellos. Se asustó al verse así e intentó enrollar el poco hilo que le quedaba entre los dedos, pero sus manos temblaban demasiado y contempló con horror cómo la última hebra parecía a punto de desprenderse. ¡Los instantes de su vida estaban contados y ya no había marcha atrás!

El príncipe de nuestro cuento representa a todos aquellos que no saben disfrutar de su presente, pues están esperando siempre acontecimientos mejores; otros viven perpetuamente amargados por hechos que ocurrieron en el pasado o añorando todo aquello que no volverá. Pocos parecen decididos a habitar el tiempo que les corresponde. Sin embargo, es lo único que tenemos, lo único que podemos experimentar.

Dice una sabia frase: «Cuida el presente, es donde vas a vivir el resto de tu vida». Vivir el presente significa disfrutar de cada momento con los cinco sentidos. Permitirnos a nosotros mismos sentir sensaciones que antes pasaban

Valorar el aquí y ahora

desapercibidas por las prisas y las ansiedades, cultivar relaciones personales más auténticas y satisfactorias o profundizar en nuestra espiritualidad nos hará sentir más plenos. Tal como Eckhart Tolle señala, «la verdadera prosperidad es sentirse agradecido por el momento presente y por la plenitud de la vida ahora mismo», porque el momento presente es en el único instante en el que todas las cosas suceden y encierra un verdadero tesoro de plenitud.

> **BREVEDAD, DE JORGE BUCAY**
> He nacido hoy de madrugada.
> Viví mi niñez esta mañana
> y sobre el mediodía
> ya transitaba mi adolescencia.
> Y no es que me asuste
> que el tiempo se me pase tan deprisa.
> Solo me inquieta un poco pensar
> que tal vez mañana
> yo sea demasiado viejo
> para hacer lo que he dejado pendiente.

3.
Nuestros planes otorgan sentido a la existencia

Pero vivir en el presente no significa descuidar el futuro ni dejar de buscar un sentido a nuestra existencia. Necesitamos plantearnos metas y objetivos para vivir una vida plena y tomar las riendas de nuestro propio destino.

Debemos determinar cuál es nuestra hoja de ruta, adónde nos lleva y por qué queremos ir allí. Es fuente de desdicha la falta de una dirección concreta. En ocasiones viajamos desprovistos de brújula y sin afán de llegar a ninguna parte. Solo seguimos moviendo los pies por inercia y nos dirigimos adonde nos lleven las circunstancias.

¿Te has planteado alguna vez cuál es la vida que realmente quieres vivir? ¿Tu vida se parece a lo que habías planeado o es radicalmente diferente? ¿Te has desviado de tus sueños y metas? Si es así, ¿en qué punto del camino se ha torcido tu sendero? En la respuesta a estas preguntas puede estar la clave de la insatisfacción, del sentimiento de fracaso y frustración que a veces se instala silenciosamente y nos impide disfrutar del día a día.

Nuestros planes otorgan sentido a la existencia

Fijarse metas u objetivos y conseguirlos está vinculado al concepto de triunfar. Este término suele asociarse a lograr metas materiales y reconocimiento social, pero, en realidad, nada tiene que ver con esto. La satisfacción por conseguir algo material es frugal. Disfrutamos durante un breve espacio de tiempo y, automáticamente, la ansiedad vivida por ese deseo deja paso a una nueva ansiedad. De hecho, los mejores recuerdos no suelen estar asociados con cosas materiales y en cambio sí con las satisfacciones emocionales.

El triunfo consiste en descubrir cuál es nuestra misión en la vida y fijarse como objetivo llevarla a cabo.

4.
Lo que queremos y lo que hacemos

Una característica de la sociedad actual es la incapacidad para armonizar lo que se quiere y lo que se hace. Si realizáramos una encuesta entre la gente que nos rodea sobre las cosas más importantes de su vida y el tiempo que destinan a cada una de ellas, nos daríamos cuenta de que la relación entre prioridades y dedicación es inversamente proporcional. Un alto porcentaje de las personas dedica el grueso de su tiempo a lo que menos le importa. Individuos que declaran que su prioridad absoluta es la familia paradójicamente le dedican un porcentaje reducido de su tiempo. Otras que manifiestan que les gusta conocer otras culturas, hablar otras lenguas o practicar deportes al aire libre no tienen en sus agendas ninguna actividad que satisfaga estas inquietudes y les regale un montón de buenos momentos capaces de iluminar la rutina.

La vida de muchas personas está llena de continuas renuncias. De las inevitables y de las otras. Tendemos a vivir por inercia, sin pensar en la mejor manera de hacer las cosas para que podamos hacer lo que más nos gusta.

EJERCICIO DE PRIORIZACIÓN

Coge una hoja de papel y piensa en una semana estándar. Anota en grandes capítulos las actividades y tareas que realizas. Te sugiero la siguiente clasificación: trabajo, amigos, familia, ocio y crecimiento personal. A continuación dale un peso a cada una. Por ejemplo, el 55 % de mi tiempo lo dedico al trabajo, el 10 % a la familia, el 1 % a practicar deporte (por tanto, ocio), etcétera.

En una hoja distinta lista las cosas que realmente son importantes para ti, las que de verdad te gustaría hacer, aquellas que te hacen sentir bien. Clasifícalas según las categorías mencionadas. Ahora, en un papel en blanco, reescribe de nuevo las actividades y las tareas que realizar, pero teniendo en cuenta las prioridades que has establecido en la segunda lista. Pon en primer lugar la más preferente, indicando siempre el porcentaje de tiempo que desearías dedicarle. También puedes representarlo a través de una circunferencia dividida en porciones; es mucho más gráfico.

Guarda este documento en un sitio donde cada día puedas echarle un vistazo. A mí me gusta ponerlo en la mesita de noche, así lo tengo a mano para revisarlo antes de dormir.

Una vez al día lo observas y lees detenidamente mientras realizas respiraciones profundas.

Esta es tu meta. Visualízala con intensidad, de la misma manera que los pilotos de Fórmula 1 se ven cruzando la línea de llegada mucho antes de empezar la carrera.

5.
El arte de asumir retos y marcarse objetivos

El escritor y filósofo Fernando Savater distingue dos prototipos de individuos, en función de la actitud que cada uno de ellos toman ante la vida: la de los ratones que se despiertan cada mañana con la zozobra del ¿qué me pasará hoy? y la de los leones que se preguntan cada día ¿hoy qué haré? Son los leones los que toman las riendas de su vida porque han desarrollado la capacidad de marcarse objetivos y buscar la manera de conseguirlos, mientras que los ratones son meros supervivientes de las circunstancias. Nuestra habilidad para fijarnos objetivos es la clave para vivir una vida plena y satisfactoria. Establecer objetivos deseados con intensidad abre la mente a la experimentación y el entusiasmo, y libera torrentes de ideas y energía positiva para alcanzarlos.

Aristóteles concluyó que «somos felices cuando hacemos algo que nos conduce a nuestro propósito». La mayoría de las personas que manifiestan estar satisfechas y equilibradas han sabido discernir sus objetivos y prioridades y tienen pensamientos constructivos para encaminarse a su consecución.

6.
Los diez pasos para fijarse un objetivo

Veamos a continuación, paso a paso, los aspectos que debemos tener en cuenta cuando estemos formulando un objetivo.

1. Discernir la motivación real

Detrás de cualquier meta se esconde una motivación que es la que realmente nos impulsa. Técnicamente se la llama *metaobjetivo,* pues es el objetivo del objetivo. Es la esencia de la motivación.

Para que podamos conseguir un objetivo es preciso clarificar la intención que hay detrás de él. Es el para qué. Es lo que nos mueve por dentro, lo que nos da la energía para la acción, lo que nos hace sentirnos a gusto con nosotros mismos.

Debemos preguntarnos: «¿Qué consigo realmente alcanzando este objetivo?». El metaobjetivo conecta con nuestros valores, y es imprescindible que nuestro objetivo se alinee

La incongruencia entre lo que hacemos y lo que queremos

con ellos. Así, por ejemplo, si mi objetivo es dejar mi empleo actual y establecerme por mi cuenta, mi metaobjetivo podría ser demostrarme a mí misma que «yo valgo» o bien sentirme libre. Si estos deseos son coherentes con mis valores (autosuficiencia y libertad), conseguiré el éxito en mi proyecto.

2. Formularlo en positivo

Nuestro cerebro no entiende la conceptualización del «no». Si yo te digo: «No pienses en una rosa roja», automáticamente acude a tu mente esta imagen. De la misma manera, cuando formulamos un objetivo debemos orientarnos hacia lo que sí queremos en lugar de evocar lo que no queremos. Debemos establecer nuestro objetivo siempre en positivo. Por ejemplo, deberíamos formular: «Quiero adelgazar» en lugar de: «No quiero estar gorda».

3. Tiene que ser concreto

Es preciso que detallemos al máximo posible el objetivo que queremos conseguir para lograr que nuestra fuerza se enfoque exactamente en ello. Cuanto más detallado, mucho mejor. Imaginemos que el objetivo fuera: «Quiero ser mejor». Esta formulación es demasiado inconcreta, pues existen múltiples posibilidades que cumplirían con el objetivo: mejor estudiante, mejor madre, mejor profesional, mejor persona, etcétera. Y ¿qué significa «ser mejor»?, ¿comparado con qué?

Cuanto más concreto y específico sea nuestro objetivo, más fácilmente podremos focalizar nuestra energía en él.

4. Debe estar contextualizado

Es preciso estipular dónde, cuándo, con quién, etcétera, va a tener lugar el objetivo. Si, por ejemplo, mi objetivo es «ser promocionado en el trabajo», sin más, quizá me llegue una propuesta de ascenso, pero deba trasladar mi residencia a otro país; cumpliría el objetivo, pero quizá no era lo que yo estaba esperando.

5. Que solo dependa de mí

El objetivo que nos fijemos debe depender de nosotros, pues nosotros somos la única persona sobre la que tenemos poder absoluto. Dejemos a un lado los objetivos que no están bajo nuestra responsabilidad y centrémonos en aquellos que, efectivamente, solo van a depender de nuestra fuerza motriz. Que haya paz en el mundo o que desaparezca el racismo son objetivos maravillosos, pero, lamentablemente, no dependen exclusivamente de mí. Lo que sí que depende solo de mí es que sea más tolerante o bien que acepte la diversidad.

La incongruencia entre lo que hacemos y lo que queremos

> **CUANDO TE DESPOJAN DE TODO**
>
> Viktor Frankl, neurólogo y psiquiatra austríaco, nació en Viena en 1905. Se doctoró en Medicina y Filosofía. Durante la Segunda Guerra Mundial estuvo tres años internado en los campos de concentración de Auschwitz y Dachau, entre otros. En su libro *El hombre en busca de sentido* plasma la dura experiencia de transitar por el cautiverio. Viktor Frankl tenía un claro objetivo cuando ingresó en el primer campo de concentración: entender cómo afectaba el día a día en la mente, en la psicología, del prisionero. Quizás el empeño de su objetivo fue lo que lo llevó a sobrevivir.

6. Que sea coherente conmigo

En PNL a este concepto se lo llama *ecología del objetivo*. Significa que nuestra meta debe guardar equilibrio con lo personal, relacional, profesional y social. También se refiere a que debemos analizar previamente las consecuencias de haber conseguido el objetivo, pues alcanzarlo siempre implicará pagar un precio, renunciar a algo.

Hay objetivos que no se alcanzan porque, consciente o inconscientemente, no se está dispuesto a las renuncias que estos puedan comportar. La pregunta clave aquí es: «¿Estoy dispuesto a pagar ese precio?». Es posible que una vez revisada la ecología del objetivo sea preciso reformularlo de nuevo.

Los diez pasos para fijarse un objetivo

Por ejemplo, si mi objetivo es tener un hijo, debo sinceramente valorar si estoy dispuesto a renunciar a cierta independencia, asumir la responsabilidad de una nueva vida, a cambiar mis hábitos, etcétera.

7. Fijar los parámetros de medición del cumplimiento

Es preciso establecer pautas para verificar que vamos avanzando en la consecución de nuestro objetivo. Para ello tendremos que poder contestar preguntas del tipo: ¿cómo sabré que estoy avanzando?, ¿qué haré si no va según lo previsto? Si seguimos con el ejemplo de tener por objetivo adelgazar, supongamos, cuatro kilos en dos meses, las evidencias del proceso podrían ser pesarme cada sábado por la mañana y comprobar que, efectivamente, he adelgazado medio kilo cada semana.

8. Determinar los recursos necesarios

Es necesario que evaluemos los recursos que vamos a requerir para conseguir nuestro objetivo. Según la PNL, «todos tenemos en nuestro interior los recursos que necesitamos para cambiar nuestra vida en la dirección que elijamos», por tanto, los recursos adicionales, los que no tenemos, siempre van a ser de carácter externo, pues los internos tan solo es preciso activarlos. Así, si mi objetivo fuera aprender inglés, debería apuntarme a una escuela de idiomas o bien concertar hora con un profesor particular (ámbito externo), pero también tener la voluntad de estudiar cada día o la disciplina de ver las películas en ese idioma (activación interna).

9. Tenemos que acotarlo en el tiempo

Determinar en cuánto tiempo voy a conseguir el objetivo, así como la temporalidad de las evidencias del proceso, es imprescindible para conseguir focalizarnos en llegar a la meta. Los objetivos difusos en el tiempo le restan fuerza al proceso.

Si mi objetivo fuera, por ejemplo, tener mi propio negocio, debería poner una fecha para el inicio de la actividad, pero también para los pasos intermedios, como qué día voy a disponer de la financiación necesaria o cuándo daré de alta la empresa en el registro.

10. Establecer la evidencia de su consecución

Tenemos que determinar claramente cuándo se habrá cumplido el objetivo, cuándo se habrá realizado el sueño. ¿Qué experiencia tendré en ese momento? ¿Cómo sabré que lo he culminado? Son algunas de las preguntas que debo poder contestar en el momento de formularlo. En muchas ocasiones la consecución del objetivo es evidente: si quiero adelgazar cuatro kilos y ahora peso sesenta, cuando pese cincuenta y seis habré llegado a mi meta. Pero determinados objetivos

Los diez pasos para fijarse un objetivo

requieren algo más de profundidad. Por ejemplo, «encontrar la pareja ideal». ¿Cuándo sabré que la he encontrado? ¿Qué emociones sentiré en ese momento? ¿Qué significa específicamente «ideal» para mí? Son algunas de las cuestiones cuya respuesta debería elaborar cuidadosamente.

> **CUANDO LA MAGIA ACTÚA**
> Relatar la experiencia de un objetivo cumplido en formato de cuento es una excelente forma de establecer la evidencia de su consecución.
> Para ejemplificarlo, te transcribo el relato de Marta, quien se había fijado como objetivo mudarse a una casa nueva, espaciosa y con jardín.
>
> Ayer, mientras dormía, me visitó una preciosa hada. Me susurró al oído: «Deseo concedido». Y yo suspiré a pesar de estar dormida.
> Esta mañana el despertador ha sonado a la hora de siempre, pero al abrir los ojos he visto que algo era distinto. En lugar de una pared gris con fotografías de los últimos viajes, había un enorme ventanal enmarcando el cielo azul. He saltado de la cama y mis pies se han posado en un cálido suelo de madera. He abierto la puerta de la habitación y he entrado en un espacioso salón amueblado elegantemente. Unos metros más allá vislumbro un cuidado jardín repleto de plantas y flores.

La incongruencia entre lo que hacemos y lo que queremos

> —¡Mamá, me encanta mi nueva habitación! —ha gritado emocionada mi hija.
>
> Me siento en una butaca y empiezo a comprender: mi objetivo de vivir en una espaciosa casa con mucha luz y rodeada de vegetación se había hecho realidad. Ayer me visitó una preciosa hada.
>
> Te propongo que adaptes este breve cuento a la experiencia que supondrá alcanzar tu objetivo.

Esta metodología de fijación de objetivos concretada en diez pasos es aplicable a cualquier tipo de propósito que queramos fijarnos, desde el más sencillo al más elevado. Ten en cuenta que debes plantear cada uno de los pasos por escrito, como si de un contrato contigo mismo se tratara, y revisarlo periódicamente para verificar el grado de avance. Si es preciso, ajústalo según las experiencias que vayas teniendo.

> «No basta con dar pasos que han de conducir un día a una meta; cada paso debe ser en sí mismo una meta que al mismo tiempo nos hace avanzar.»
>
> **Goethe**

7.
La visualización de los objetivos

El lugar donde se gestan nuestros deseos, donde toman forma nuestros objetivos, es en el inconsciente. Es la parte irracional de nuestro ser, la que no juzga. Allí reside la creatividad.

El inconsciente no entiende de limitaciones, para él todo es posible. Su trabajo es ameno, pues sus herramientas son la imagen, el sonido, el gusto, el tacto, el olor. Es eminentemente emocional.

Una vez que tengas formulado tu objetivo siguiendo los diez pasos propuestos anteriormente, toca visualizarlo. Es decir, imaginar y sentir ese objetivo ya conseguido, ya realizado.

Para ayudarnos a visualizarlo te propongo que hagas lo siguiente:

- Coge una cartulina grande (medio metro por medio metro estaría bien) y pégale imágenes de tu objetivo como si ya estuviera conseguido. Si, por ejemplo, te has fijado de meta realizar un viaje a la India, adhiere fotografías de los lugares que quieras visitar, el mapa de la zona, de aviones, de personas que para ti evoquen estar disfrutando, etcétera.

La incongruencia entre lo que hacemos y lo que queremos

- Ponle un título al mural que a ti te sugiera emoción. Siempre en presente, pues ten en cuenta que la composición tiene que expresar que has conseguido tu objetivo. «Viajando por la India» sería una posibilidad si siguiéramos el mismo ejemplo.
- Escribe encima de las fotografías qué está ocurriendo. Por ejemplo: «Aquí estoy yo visitando un templo budista».
- Guárdalo en un lugar donde puedas verlo con frecuencia y una vez al día ponte delante de él, míralo con atención y ¡siéntelo, respíralo!

Esta técnica la aprendí en un taller sobre la abundancia con Roser Cabré y, después de experimentarlo, he decidido compartirla, pues realmente funciona. ¡Gracias, Roser!

ALADINO Y LA FUERZA DEL DESEO

El cuento de Aladino y la lámpara maravillosa es una bonita fábula sobre el poder de la atracción de los pensamientos. Aladino, cada vez que tiene un deseo, frota la lámpara, aparece el genio, formula el deseo y automáticamente le es concedido. En este cuento, el genio simboliza el poder del universo creador de nuestros deseos. He aquí un pequeño fragmento:

«Aladino comenzó a aprender el oficio de comerciante y un día paseando por el mercado vio pasar a la hermosa hija del sultán, quien lo enamoró con solo una mirada. Al llegar a su

La visualización de los objetivos

casa, el joven pidió a su madre que cogiese las piedras preciosas que tenía guardadas y que pidiese la mano de su hija al sultán para poder casarse con ella. La madre trató de convencer al sultán, pero este le propuso:

—Si tu hijo construye antes de mañana un espléndido palacio, consentiré esta boda.

Aladino, ansioso, le pidió al genio de la lámpara que levantara un palacio de mármol y piedras preciosas, con el jardín más bello de todos. Al día siguiente, el sultán quedó impresionado al ver tal palacio y concedió la mano de su hija al muchacho. En pocos días se casaron y comenzaron una vida muy feliz.»

«Frotar la lámpara» para pedir un deseo equivale a visualizar el objetivo que nos hemos marcado. Aladino tiene fe ciega en que el genio le concederá su petición, no tiene duda alguna. Nosotros debemos vibrar, sentir que nuestro objetivo es ya una realidad antes de conseguirlo, sin un atisbo de duda, para que así sea.

8.
Los límites que me impongo: las creencias

Ahondando en el concepto mencionado en la primera parte de que «el mapa no es el territorio», constatamos que la realidad se construye en la mente de cada individuo a base de las representaciones que tenemos en la cabeza y en la forma en la que codificamos las experiencias y las percepciones convirtiéndolas en una realidad para nosotros.

Por eso, aunque parezca un juego de palabras, la realidad es «en realidad» solo un reflejo de lo que creemos real. Por tanto, cuanto más real consideremos una percepción, más actuará como tal en nuestra realidad cotidiana.

Vinculadas a la percepción de realidad subyacen las creencias. Estas son afirmaciones, juicios y evaluaciones sobre nosotros mismos, sobre los otros y sobre el mundo que nos rodea. Determinan el significado que le damos a los hechos y son la esencia de la motivación o de su ausencia.

Las creencias determinan nuestra forma de percibir, pensar y actuar, por tanto, tienen una poderosa influencia sobre nuestras vidas. Muchas de nuestras creencias provienen de

Los límites que me impongo: las creencias

cuando éramos pequeños, y fueron transmitidas por nuestros padres, profesores, entorno social y medios de comunicación. En muchas ocasiones ni siquiera somos conscientes de su existencia.

Las creencias que no nos permiten avanzar, que actúan como piedras en el camino, son las llamadas creencias limitativas, mientras que aquellas que nos impulsan a seguir adelante son las potenciadoras. Tanto es así que nuestras creencias pueden moldear, influir e, incluso, determinar nuestro grado de inteligencia, nuestra salud, nuestra creatividad, la manera en que nos relacionamos y también nuestro grado de felicidad.

INSTALANDO UNA CREENCIA
Si a un niño pequeño cada vez que se equivoca le decimos «Eres tonto», «Mira que es fácil hacerlo bien y tú te equivocas siempre» o frases similares, estamos instalando en él la creencia de que, efectivamente, es tonto. Lo normal es que esta actitud le cree una percepción negativa sobre sí mismo, y le genere una duda razonable sobre su capacidad para alcanzar retos, por nimios que estos sean.

Esta imagen que se fabrica sobre su incapacidad de hacer las cosas la arrastrará hasta la edad adulta y le causará dificultades cuando tenga que superar cualquier contratiempo.

Si en lugar de atentar contra la personas (tú eres tonto), los comentarios van dirigidos a una conducta que no nos satisface (tu comportamiento no es el adecuado para sa-

La incongruencia entre lo que hacemos y lo que queremos

> car buenas notas), no estamos instalando en el niño ninguna creencia limitante, sino transmitiendo una reflexión en torno a un cambio de conducta que puede serle de ayuda para avanzar.

Así, las creencias pueden considerarse pequeños programas informáticos que diferentes programadores han ido instalando en nuestro cerebro sin nuestro consentimiento. Quizás en su día algunas de ellas tuvieron cierta utilidad, pero si ahora ya no la tienen, y además nos limitan, deben ser desinstaladas para que podamos avanzar.

> **DEL LIBRO *CÓMO CAMBIAR CREENCIAS CON LA PNL*, DE ROBERT DILT**
> Creencias tales como «Ya es demasiado tarde», «De todos modos ya no puedo hacer nada» o «Me ha tocado a mí» pueden con frecuencia limitar el aprovechamiento integral de los recursos naturales de la persona y de su competencia inconsciente. Nuestras creencias acerca de nosotros mismos y de lo que es posible en el mundo que nos rodea tienen un gran efecto sobre nuestra eficacia cotidiana. Todos tenemos creencias que nos sirven como recursos y también creencias que nos limitan.

Los límites que me impongo: las creencias

De la misma forma que nuestro sistema inmunitario está preparado para combatir cualquier elemento desconocido, el ser humano tiende a rechazar cualquier cambio en su personalidad o esquema de comportamiento. Incluso aunque sufra, puede que haya encontrado un equilibrio en su sufrimiento y no desee abandonarlo por temor a desestabilizarse.

Generalmente las personas solemos rodearnos de aquellos individuos con los que compartimos creencias, mientras que nos alejamos del resto, de la misma forma que nuestro entorno más próximo suele tener nuestro mismo estilo de vestir o bien puntos de vista similares.

Al estar inmersos en una misma realidad creada, poner en cuestión determinados elementos no resulta nada fácil. Así, por ejemplo, en sociedades donde se recluye a las mujeres y se las aparta del ámbito público por su condición de inferiores, es excepcional encontrar alguna que se levante y defienda su condición de igual. De hecho, en estos entornos, muchas mujeres aceptan de forma natural su inferioridad frente a los hombres.

Algo que debemos tener bien presente es que no podemos cambiar las creencias de los demás, sino que, por el contrario, cada uno debe cambiar sus propias creencias. Lo más que podemos hacer es acompañarlos en el proceso.

La incongruencia entre lo que hacemos y lo que queremos

EL HOMBRE QUE SE CREÍA UN GRANO DE MAÍZ

Un hombre acude al psiquiatra porque se cree un grano de maíz y no se atreve a salir de su granja por miedo a que lo devore una gallina.

El psiquiatra se deshace en razonamientos lógicos:

—Si usted fuera un grano de maíz, no tendría piernas. Habría venido rodando o arrastrado por el viento. No estaría en la consulta de un terapeuta: los granos de maíz no van a las consultas. Tampoco visten traje, ni tienen la capacidad de hablar. Usted es un hombre. Repita conmigo: soy un hombre y nunca he sido un grano de maíz.

El paciente repitió con obediencia.

—¿Está convencido ahora? —pregunta el psiquiatra esperanzado.

—Sí, doctor, totalmente convencido. Realmente, he sido un estúpido. Ahora tiene que venir a mi granja y convencer a las gallinas de que soy un hombre. ¡Son tan rápidas las condenadas que no me van a dar ni tiempo para explicarme!

9.
Tres creencias que nos limitan

Existen tres tipos de creencias que, por su importancia y frecuencia, es preciso comentar:

1. Creencia sobre el resultado

Esta creencia lleva asociado un estado de ánimo concreto: la desesperanza. Aquí tenemos instalado el programa de que el resultado que perseguimos es imposible de alcanzar. Es tremenda la fuerza negativa, la inmovilidad que conlleva una creencia de este tipo. «Estoy enferma de cáncer, esta enfermedad no se cura, voy a morir», sería un claro ejemplo.

2. Creencia sobre las propias capacidades

Aquí la sensación que predomina es la impotencia. Esta creencia se correspondería con la idea de que otras personas pueden, pero yo no soy capaz. En línea con el mismo ejemplo del punto anterior, la persona con esta creencia afirmaría conocer que el cáncer se cura, pero que ella no será capaz de superarlo.

3. Creencia sobre la desvalorización de uno mismo

Quizá la más profunda y desgarradora de todas las creencias. Aquí el individuo tiene conciencia de que tal vez sea posible la solución, de que tal vez fuera capaz de llevarla a cabo, pero se pregunta: ¿lo merezco?

Sé que el cáncer se puede curar, soy fuerte y sé que podría superar la enfermedad, pero ¿realmente merezco seguir viviendo?

Como hemos visto, una creencia limitativa actúa como una zona pantanosa, como unas arenas movedizas que nos tienen preso, nos engullen y no nos dejan escapar fácilmente. Pero es posible abandonar este tipo de creencias de la misma forma que saldríamos de la arena si nos lanzaran una cuerda a la que sujetarnos.

Tenemos la capacidad de variar o cambiar viejas creencias que puedan estar limitándonos e instalar nuevas que expandan nuestro potencial fuera de los límites que ahora nos acotan.

Henry Ford decía: «Si crees que puedes, tienes razón; si crees que no puedes, tienes razón».

10.
Modificar una creencia

Para cambiar una creencia es preciso que se den algunas circunstancias. Veamos:

1. Tiene que ocurrirnos alguna cosa que actúe de detonante del cambio

Algo tiene que obligarnos a hacer el clic. Por ejemplo, llevo mucho tiempo intentando dejar de fumar, pero no consigo más que bajar algunos cigarrillos al día y vuelvo a las andadas. De pronto, enfermo de una afección pulmonar y el médico me dice que dejando de fumar notaré una mejora sustancial. Es posible que si me lo propongo de nuevo, esta vez sí que consiga deshacerme de este vicio. La enfermedad ha actuado como detonante del «sí, puedo» en mí.

La incongruencia entre lo que hacemos y lo que queremos

2. Es preciso que realmente, sinceramente, quiera cambiar

Ya hemos visto cuando establecíamos los pasos necesarios para conseguir un objetivo la trascendencia de que este sea ecológico. Esto es, cuando queremos cambiar algo que está muy arraigado en nosotros, como es una creencia, es preciso que realmente queramos ese cambio, y será así cuando sea ecológico para nosotros.

Cuando las renuncias y las consecuencias del cambio sean asumibles para nosotros y sean compensadas por el beneficio que obtendremos, entonces realmente será posible ese cambio.

3. Será preciso aprender las estrategias adecuadas para la nueva creencia

Una creencia es algo profundamente arraigado en nosotros. Es algo vivido como cierto y real que nos ha acompañado durante mucho tiempo. Parte de nuestro aprendizaje y manejo ha girado en torno a esa creencia. Hemos construido estrategias de supervivencia basándonos en esa creencia.

Ahora que ya no nos es de utilidad, arrancarla de cuajo y sustituirla por otra que nos permita avanzar conlleva, además de un arduo proceso, la creación de toda una serie de estrategias adecuadas a esta nueva situación.

Supongamos que la creencia que estamos desterrando es la de «yo no puedo». A su alrededor hemos construido una serie de elementos que utilizábamos como muletas para sostenernos: como he tenido que trabajar desde joven no he podido estudiar una carrera, por ejemplo. La creencia «yo sí puedo» va a necesitar una nueva estrategia del tipo: a pesar de tener trabajo y familia puedo sacarme una carrera a través de la universidad a distancia. En este caso, la estrategia sería sustituir un pensamiento limitante por otro posibilitador.

4. Tener presente que el entorno puede facilitar o entorpecer la instalación de una nueva creencia

En ocasiones, será preciso buscar el entorno adecuado para que pueda asentar mi creencia. Lo interesante es observar con atención para determinar si, efectivamente, el entorno me está dificultando el cambio de creencia.

Por ejemplo, si una mujer escoge estudiar una carrera cursada mayoritariamente por hombres, como podría ser piloto de aviación, y su entorno familiar es muy tradicional, podrían coartarla en su elección por el mero hecho de ser mujer. Esta joven debe tener conciencia de la reticencia de su entorno y buscar la fuerza para sobreponerse a la creencia de «no valgo» por su simple condición femenina. Esta fuerza puede encontrarla dentro de sí misma o bien a través de un entorno que la comprenda y apoye.

La incongruencia entre lo que hacemos y lo que queremos

¡SÍ, PUEDO!

Este cuento lo encontré una vez en internet y desconozco su autor o autora. Me parece precioso e ilustra perfectamente lo comentado sobre las creencias.

Un pequeño gusanito caminaba un día en dirección al sol. Muy cerca del camino se encontraba un grillo.

—¿Hacia dónde te diriges? —le preguntó.

Sin dejar de caminar, la oruga contestó:

—Tuve un sueño anoche. Soñé que, desde la punta de la gran montaña, miraba todo el valle. Me gustó lo que vi en mi sueño y he decidido realizarlo.

Sorprendido, mientras su amigo se alejaba, el grillo dijo:

—¡Debes estar loco! ¿Cómo podrás llegar hasta aquel lugar? ¡Tú, una simple oruga! Una piedra será una montaña, un pequeño charco, un mar y cualquier tronco, una barrera infranqueable.

Pero el gusanito ya estaba lejos y no lo escuchó. Sus diminutos pies no dejaron de moverse.

De pronto, se oyó la voz de un escarabajo:

—¿Hacia dónde te diriges con tanto empeño?

Sudando, el gusanito le dijo jadeante:

—Tuve un sueño y deseo realizarlo. Subir a esa montaña y desde ahí contemplar todo nuestro mundo.

El escarabajo se puso a reír a carcajadas y luego dijo:

—Ni yo, con patas tan grandes, intentaría una empresa tan ambiciosa.

Modificar una creencia

Se quedó en el suelo tumbado de la risa mientras la oruga continuó su camino, habiendo avanzado ya unos cuantos centímetros.

Del mismo modo, la araña, el topo, la rana y la flor aconsejaron a nuestro amigo desistir.

—¡No lo lograrás jamás! —le decían.

Pero en su interior había un impulso que lo obligaba a seguir.

Ya agotado, sin fuerzas y a punto de morir, decidió parar a descansar y construir con su último esfuerzo un lugar donde pasar la noche.

—Estar mejor... —fue lo último que dijo, y murió.

Durante días, todos los animales del valle fueron a contemplar sus restos. Ahí estaba el animal más loco del pueblo.

Una mañana en la que el sol brillaba de una manera especial, todos los animales se congregaron en torno a aquello que se había convertido en una advertencia para los atrevidos.

De pronto quedaron atónitos: lo que albergaba a la oruga supuestamente muerta empezó a resquebrajarse y, con asombro, vieron unos ojos y una antena que no podían ser los del gusanito.

Poco a poco, como para darles tiempo de reponerse del impacto, fueron saliendo las hermosas alas arcoíris de aquel impresionante ser que tenían frente a ellos: una mariposa.

No hubo nada que decir, todos sabían lo que haría: se iría volando hasta la gran montaña y realizaría su sueño; el sue-

La incongruencia entre lo que hacemos y lo que queremos

> ño por el que había vivido, por el que había muerto y por el que había vuelto a nacer. Todos se habían equivocado.

El protagonista de este cuento tenía absoluta certeza de que conseguiría su objetivo. A pesar de todas las dificultades y obstáculos que se encontró en el camino y de la desconfianza que podían generarle los comentarios que fue recibiendo, consiguió alcanzar su sueño. Su creencia potenciadora «yo puedo» lo condujo al éxito.

Conclusiones

Ser maravilloso, recuerda:

- Vivir el presente. Es donde habitas. Ni estás, ni estarás en el pasado o en el futuro.
- Haz lo que realmente es importante para ti. Como la oruga, deja de lado lo que opinen los demás.
- Márcate objetivos. Fíjate metas. Nuestros planes otorgan sentido a nuestra existencia.
- Es a través de fijarnos objetivos cada vez más elevados y de conseguirlos como seguimos el camino de la evolución.
- Visualiza cómo quieres que sea tu vida. ¡Lo que se cree se crea!
- Nos mueven las creencias. Revisa que las tuyas sean potenciadoras. Si no es así, ¡cámbialas!

Cuarta parte
Nuestra misión da sentido
a nuestra existencia

1.
Utiliza tu don para llevar a cabo tu misión

A todos nosotros nos ha sido otorgado un don. Descubrirlo y vivir nuestra vida a través de él es la plena realización.

El estado de paz y armonía se consigue cuando tenemos la certeza absoluta de que estamos en la senda de nuestra misión.

Todos nosotros atesoramos en nuestro interior todas y cada una de las habilidades posibles. Lo que ocurre es que algunas las tenemos desarrolladas y muchas otras todavía no. Cuando una habilidad desarrollada destaca en comparación con la misma habilidad en otros individuos, la llamamos «talento». Cuando ese talento es especialmente relevante para mí, cuando se trata de aquello a través de lo cual más disfruto, aquello que definitivamente mejor se me da, aquello que me hace sentir especialmente bien, entonces estamos hablando de un don.

Nuestra misión da sentido a nuestra existencia

Cada persona, sin excepción, posee un don que le ha sido otorgado para ser devuelto a la sociedad. Cuando uno descubre cuál es su don y logra desarrollar su tarea principal a través de él, devolviéndolo de múltiples formas a la comunidad, esto se traduce en un poder absoluto, en algo que no tiene límites, que supera cualquier barrera para el individuo.

2. ¿Cómo puedo saber cuáles son mis talentos?

El pensador Deepak Chopra nos da pistas para descubrir cuál o cuáles son nuestros talentos en su obra *Las siete leyes espirituales del éxito*: «Es nuestra capacidad más importante, la que nos hace más valiosos. La usamos para nuestro crecimiento personal y para ayudar a los otros a crecer. Cuando estamos desarrollando esta capacidad, perdemos la noción del tiempo».

Lo que ocurre es que no siempre es evidente para nosotros qué talentos poseemos y, en ocasiones, nos cuesta bastante identificarlos.

Para entender de qué hablamos y facilitar esta búsqueda, veamos una breve descripción.

1. Talentos emergidos

Se trata de habilidades que se han ido desarrollando de una forma consciente y natural. Los utilizamos cotidianamente

Nuestra misión da sentido a nuestra existencia

y, en muchas ocasiones, no les damos mayor importancia. Forman parte de nuestra «caja de herramientas» habitual y fundamentamos nuestros progresos en ellos.

Cuando decimos «tengo facilidad en...» nos referimos a este tipo de talentos. Son aptitudes generales como cocinar, cantar, bailar, etcétera.

2. Talentos ocultos

No somos conscientes de que los tenemos y, en general, los perciben antes personas de nuestro entorno que nosotros mismos. A veces esta ignorancia se produce porque el que lo disfruta piensa que es una habilidad normal y que la mayoría de personas la poseen. No tiene la impresión de estar especialmente dotado. Otras veces, simplemente, no se es consciente de ello.

> **¿CÓMO ME VEN LOS DEMÁS?**
> Para tomar conciencia de las habilidades que poseemos, una buena opción es preguntar a nuestro círculo de amistades más cercano sobre aquellas cosas que ellos creen que hacemos bien. Pídeles que sean sinceros para que el ejercicio realmente tenga utilidad para ti.

3.
¿Cómo gestionar mis talentos?

Si buscamos en el diccionario el significado de «talento», la Real Academia Española nos remite a conceptos como inteligencia para entender, capacidad para desarrollar una ocupación, aptitud para algo... Bajo mi punto de vista, el verdadero talento es el que permite al individuo que lo posee ofrecer un valor diferencial frente a las demás personas. No estamos hablando de inteligencia o destreza, sino de algo mucho más potente que emana de la propia esencia de la persona.

Para que florezca un talento, la persona debe conectar con la fuente de su creatividad y, sin filtros, dejarlo fluir. Es algo muy puro, cargado de bondad y amor incondicional, al margen de su manifestación. Solo cuando nuestra vibración sea alta podremos acceder a nuestro talento.

Cuando somos pequeños y todavía no hemos aprendido a ponernos filtros y barreras, nuestros talentos innatos son mucho más evidentes. Con el transcurrir de los años se van construyendo las limitaciones que, poco a poco, van acotando nuestra capacidad de desarrollarnos plenamente.

Nuestra misión da sentido a nuestra existencia

De este modo, si observamos a los niños pequeños, veremos la capacidad que tienen de abstraerse y dedicar hipnóticamente espacios de tiempo prolongado a realizar alguna actividad que los satisface plenamente.

> **CUANDO SE ES PEQUEÑO,**
> **EL TALENTO SE MANIFIESTA LIBREMENTE**
> Imaginemos que a un niño le hemos regalado un puzle de piezas cúbicas y que las utiliza no para concretar una imagen, sino para elevar distintos tipos de construcciones.
>
> Pensemos también en ese otro niño que suele coger sus muñecas y sentarlas para jugar a profesores o en otro que experimenta una y otra vez cómo las hormigas encuentran de nuevo el camino una vez que les ha barrado el paso.
>
> Muy probablemente el talento del niño del primer ejemplo resida en la creatividad y, si no hay cortapisas, se manifieste a través del diseño, en cualquier expresión, incluida la arquitectura.
>
> Es posible que en el segundo caso, cuando el niño crezca, aflore un don especial para la abogacía o el periodismo, mientras que en el tercer supuesto nuestro inquieto investigador acabe teniendo madera de emprendedor.

Debemos aprender a canalizar nuestro talento hacia algo tangible, hacia una finalidad concreta. De este modo se perfeccionará y emergerá finalmente nuestro don.

¿Cómo gestionar mis talentos?

En ocasiones utilizamos nuestro talento principal en el desarrollo de nuestra actividad laboral. Esto nos da mucha satisfacción y un sentimiento de realización. Pero muchas otras veces estamos alejados de él, lo tenemos recluido en nuestro interior.

En estas circunstancias la persona puede sentir que no es capaz de realizar su labor y, más profundamente, que note que su lugar no está ahí. Quizá muy en su interior crea que es hipócrita, pues se esfuerza por aparentar una adaptación ficticia que en realidad es el fruto de su insatisfacción. Pero si logra esta comprensión habrá iniciado el camino para dejar fluir su verdadero talento.

EL INVENTARIO DE MIS TALENTOS
Siéntate en un rincón tranquilo y pon toda tu atención en lo que vas a hacer. Puedes ayudarte de tres respiraciones profundas para concentrarte. Acompáñate de una hoja de papel y un lápiz.

Piensa: ¿cuáles son mis habilidades principales? ¿Qué cosas son las que mejor se me dan? ¿Con qué cosas me siento realmente bien y el tiempo pasa sin darme cuenta? Anótalas en el papel.

Ahora piensa en lo que más te gustaba hacer cuando eras pequeño. Si te cuesta acceder a estos recuerdos, puedes hacer lo siguiente: ponte derecho con los pies ligeramente separados, los brazos caídos al lado del cuerpo. Mira a tu alrededor y decide dónde ubicarías en el espacio tu pasado. Colócate dándole la espalda. Cierra los ojos y realiza tres res-

Nuestra misión da sentido a nuestra existencia

piraciones profundas. Ahora pídele a tu mente que te dé el recuerdo de cuando eras pequeño y estabas haciendo alguna cosa disfrutando realmente.

Empieza a dar pequeños pasos hacia atrás hasta que un recuerdo acuda a tu mente. Verifica que efectivamente sea el tipo de recuerdo que estamos buscando. Si no es así, vuelve a dar pasos hacia atrás hasta el nuevo recuerdo.

Cuando finalmente hayas accedido a la imagen que necesitamos, observa todos los detalles: qué estás haciendo, qué hay a tu alrededor, qué oyes, qué hueles y, sobre todo, cómo te sientes.

Identifica lo que estás observando para poder integrarlo y, con esta imagen en la mente, da los pasos necesarios hacia delante hasta notar que has llegado al presente.

Respira de nuevo profundamente y, a tu ritmo, abre los ojos e incorpórate al aquí y ahora. Para realizar este ejercicio puedes pedir a alguna persona de confianza que te vaya recitando los pasos o bien grabarlos en tu móvil para reproducírtelos luego. Anota la información que has obtenido en el papel.

Una forma complementaria de recabar esta información es preguntando a tus padres y hermanos: ¿qué es lo que más me gustaba hacer de pequeño? ¿En qué me entretenía horas y horas? Añade las respuestas a lo que ya tienes anotado.

Una vez recogida toda la información, analízala para sacar las conclusiones. Se trata de una información muy valiosa que te arrojará luz sobre tus talentos, por muy ocultos que estén.

4.
Desarrollo del talento a través de la coherencia

Para que los talentos que hemos hecho aflorar o los que podemos desarrollar se conviertan en recursos reales capaces de aportar valor a nuestra vida y permitirnos gozar de un auténtico equilibrio, es preciso que se sustenten sobre tres apoyos fundamentales. Aristóteles los llamó: centro motor, centro emocional y centro cognitivo o logos. El centro motor es el encargado de la acción y el movimiento, de convertir un proyecto en realidad. El centro emocional es el que se ocupa de las emociones, las sensaciones y los deseos, mientras que el cognitivo es el encargado de los pensamientos y toda la actividad racional.

La idea reaparece, siglos más tarde, en el filósofo y terapeuta estadounidense William James con el nombre de la teoría de las 3H en la que sus haches representaban los antiguos centros aristotélicos:

- *Head*: la cabeza, como centro de reflexión y de actividad intelectual.

Nuestra misión da sentido a nuestra existencia

- *Heart*: el corazón, identificado como el punto donde residen las emociones y la afectividad.
- *Hands*: las manos, el centro motor que lleva a la realización de los proyectos.

La PNL aporta al concepto desarrollado por Aristóteles y William James la visión del ser humano como sistema y convierte la cabeza en PI (procesos internos), el corazón en EI (estados internos) y las manos en CE (comportamientos externos). La interacción que se establezca entre ellos será el núcleo de nuestra coherencia. Este término es absolutamente sustancial, pues solo cuando el individuo actúa de acuerdo con esa coherencia, con ese alineamiento entre pensamiento, sentimiento y actuación, puede sentirse en equilibrio, en paz consigo mismo.

Así pues, es a través de la coherencia como lograremos conectar con nuestros talentos y es a través de los talentos como lograremos ser coherentes con nosotros mismos.

5. El camino del talento al don

El don es un talento único, una habilidad trabajada que nos hace especiales. Todos y cada uno de nosotros poseemos ese talento concreto que va incrementando su efectividad con el uso. Se trata de algo inmaterial que el universo otorga a cada persona para que pueda ejercer con mayor facilidad su misión en esta vida. De este modo, a través del don uno encuentra la realización en este mundo.

La palabra don, en su significado de gracia o cualidad de una persona, proviene del latín *donum*, que significa «ofrenda o regalo» y tiene la misma raíz que el verbo *donare* (dar). Por tanto, un don es ciertamente un regalo que nos han otorgado y que debemos aceptar y abrir para usarlo en beneficio propio y de otros.

Un sinfín de personas ha puesto su don al servicio de la humanidad. La mayoría son anónimas y otras tan conocidas como Mahatma Gandhi, cuyo don de entrega a los demás lo llevó a liderar campañas a escala nacional para mitigar la pobreza, expandir los derechos de los oprimidos, crear armonía religiosa y étnica y eliminar las injusticias del sistema

Nuestra misión da sentido a nuestra existencia

de castas. Gandhi aplicó de forma suprema los principios de la desobediencia civil no violenta para liberar a la India del dominio extranjero.

Otro ejemplo lo tenemos en Leonardo da Vinci, considerado el paradigma del *homo universalis*, del sabio renacentista versado en todos los ámbitos del conocimiento humano. Se adentró en campos tan variados como la aerodinámica, la hidráulica, la anatomía, la botánica, la pintura, la escultura y la arquitectura, entre otros. Su don del dominio del conocimiento lo puso a disposición de la humanidad, y su legado ha llegado hasta nuestros días.

Sin duda estos son ejemplos donde la magnificencia del don es excepcional. Si prestamos atención, nos daremos cuenta de que nos rodean personas cuya existencia gira entorno a su don, honrándolo y ofreciendo sus frutos para el bien de los demás. Estas personas han entendido cuál es su misión en esta vida.

6.
Del don a la misión

Enfocar nuestra vida en pro de nuestra misión es un acto supremo. Es darle sentido absoluto a nuestra existencia, pues la misión refleja lo que hemos venido a aprender y a cumplir.

Es lo que da sentido a nuestro paso por la vida. De hecho, el estado de paz y armonía se consigue cuando tenemos la certeza absoluta de que estamos en la senda de nuestra misión.

Lo que acontece es que no siempre es sencillo dilucidar cuál es nuestra misión.

Una de las formas más sencillas de lograrlo es a través de nuestro talento esencial o don. El vehículo a través del cual la desarrollaremos actúa de faro en nuestra búsqueda.

En otras ocasiones la certeza nos llega por vías más subliminales, que solo descodificaremos si permanecemos con una actitud atenta. Quizás en alguna ocasión habrás experimentado que al intentar apartarte del camino que estabas siguiendo, acontecimientos diversos te han vuelto a situar en él.

Si es así, analiza qué hay más allá de lo evidente si sigues ese camino. Observa, por ejemplo, la contribución que ya

Nuestra misión da sentido a nuestra existencia

estás llevando a cabo o bien lo que podrías aportar si emplearas en ese transitar tu habilidad más relevante.

La misión individual de cada uno de nosotros suele ser una pequeña aportación que, agregada a las de los demás, genera un movimiento evolutivo. La grandilocuencia de nuestro ego nos induce a creer que la misión debe ser algo excepcional, majestuoso, que suscite la admiración de nuestros iguales. Pero no es así. Solo un individuo, de tanto en tanto, siendo el último eslabón antes del cambio, mostrará ante todos el paso evolutivo.

Y así ha sido, como mencionábamos anteriormente, en el caso de Gandhi, que culminó el movimiento proigualdad que muchos antes habían iniciado o en el de Leonardo da Vinci, quien tuvo el acierto de transcribir aquello que ya estaba en el sistema.

El camino introspectivo hacia la revelación de la misión realizado a través del conocimiento de uno mismo, de sus talentos, de su don, solo es posible mediante la energía femenina, pues la racionalidad de la masculina lo bloquea. Intuición, aceptación sin juicio o creatividad son algunos de los atributos necesarios para este tránsito.

Conclusiones

> «A cada uno le está reservada una precisa misión, un cometido que cumplir. Por consiguiente, ni puede ser reemplazado en su función, ni su vida puede repetirse: su tarea es única como única es la oportunidad de consumarla.»
>
> **Viktor E. Frankl**

- Confía en tu energía femenina para discernir, entre tus habilidades y talentos, cuál es tu don.
- Es a través de tu don como podrás llevar a cabo tu misión.
- Cumplir nuestra misión. Eso es lo que da sentido a nuestra existencia.
- Un talento esencial, un don, es algo sutil. Es nuestro ego el que persigue que sea algo épico.
- Nuestra misión es contributiva. Cocrea en el proceso evolutivo en el que estamos inmersos.

Quinta parte
Es preciso que aprendamos
a comunicarnos

1.
La necesidad de saber comunicar

> La comunicación es la base del desarrollo de la humanidad.
> Como sostiene la programación neurolingüística, no es posible no comunicar.
> Incluso estando en silencio comunicamos.

Hace años cogí por costumbre al asistir a cualquier reunión, conferencia o debate, anotar la impresión que me causaba el ponente. Prestaba especial atención en ver si su mensaje me aburría o bien captaba de inmediato mi interés. Empecé a fijarme en un buen número de detalles: la forma de presentarse, el tono de la voz, la expresión de su rostro, el mensaje que me llegaba a través de sus gestos, etcétera. Luego expandí la mirada y mi atención se centró en los escuchantes. Me interesaba cómo reaccionaban ante lo que el ponente trataba de comunicar. El paso siguiente fue recoger el *feedback* de varias personas que habían escuchado lo mismo que yo. Y constaté

Es preciso que aprendamos a comunicarnos

que conectar con las personas que te están escuchando y transmitirles un mensaje no es ni sencillo ni frecuente.

De hecho, si prestamos atención, podemos determinar que un número muy elevado de los problemas que nos acechan tienen como base una comunicación deficiente. Porque comunicar no es tan solo hablar o explicar, es conectar con la otra persona de forma que capte y entienda tu mensaje. En esencia, comunicar es intercambiar emociones.

2.
La comunicación, un intercambio de emociones

Para establecer una comunicación de calidad, el mensaje debe emitirse de forma auténtica y empática. Es necesario que la persona que hable esté en una actitud de «dar», que tenga interés sincero hacia la persona o personas que tenga delante.

Tiene que calibrar al escuchante para determinar su grado de receptividad y de este modo poder ir modulando el mensaje y asegurar la máxima comprensión.

Por tanto, se precisa empatía para calibrar y flexibilidad para modular el mensaje, ambas habilidades claramente vinculadas a la energía femenina.

En general y en los distintos ámbitos de nuestra vida, lo cierto es que nuestras habilidades comunicativas suelen ser mejorables. Si tienes pareja, piensa si alguna vez ha habido algún malentendido por falta de comunicación, por tomar decisiones a base de conjeturas y no después de un diálogo pausado. Y en el grupo de amigos o en el ámbito familiar, ¿alguna desavenencia o distanciamiento por no haber expresado algún sentimiento o por no haber sido lo suficientemente tolerantes para aceptar un punto de vista distinto al nuestro? Y ¿qué decir de los debates sordos entre políticos que nos muestra orgullosamente la televisión? Sitúate ahora en el entorno de trabajo y piensa qué responderías a la pregunta que sigue: ¿crees que el grado de compromiso por parte de la plantilla sería superior si se comunicara con claridad la finalidad de las directrices dadas en lugar de transmitir tan solo instrucciones?

En la década de 1990 el ejército estadounidense acuñó la expresión «entorno VUCA», que más tarde sería adoptada por las escuelas de negocio. El acrónimo VUCA –en inglés, volátil, incierto, complejo y ambiguo– describe perfectamente el entorno que nos rodea. Un escenario que cambia continuamente, donde los parámetros que nos servían hasta ahora para comprender y tomar decisiones ya no son válidos. Las estructuras que antaño fueron sólidas se resquebrajan y afloran nuevas normas que dificultan seguir el antiguo patrón.

En un escenario como el descrito, la comunicación debería ser tremendamente intensa para apaciguar el desconcierto y facilitar el tránsito hacia el nuevo paradigma. Me temo que en la mayoría de las ocasiones, desde la más particular a la más generalizada, acontece justo lo contrario: la comunicación es deficiente y contribuye de este modo a incrementar la incertidumbre.

Pero no es tan solo una cuestión de cantidad de información, sino también de calidad. Analizar cómo nos comunicamos y qué impacto tenemos en nuestros escuchantes es un factor indispensable para poder mejorar la comprensión en términos generales.

3.
¿Cómo es nuestra comunicación?

Para que exista una buena comunicación es preciso que esta tenga el contenido suficiente, la calidad necesaria y que, además, sea emitida de forma que conecte con los receptores. Te invito a que reflexiones sobre lo que viene a continuación.

¿Te ha ocurrido alguna vez que estando en una conversación te has desconectado completamente de la persona que estaba hablando? O ¿alguna vez te has quedado cautivado por algún conferenciante a pesar de que el tema no era de sumo interés? ¿Tienes dificultad para sintonizar con determinadas personas y te da la sensación de que habláis en distinto idioma? Quizás ocurra por lo que voy a contarte a continuación.

Según la PNL, los humanos utilizamos tres canales distintos para comunicarnos: el canal auditivo, el visual y el kinestésico.

El canal auditivo centra su atención en la escucha, mientras que el visual lo hace en lo que se ve y el kinestésico en lo que se siente, en el mundo de las emociones.

Todos y cada uno de nosotros utilizamos los tres canales, aunque con intensidad distinta. En torno al 70 % de las personas usan preferentemente el canal kinestésico y, en proporciones mucho más bajas, el canal auditivo o el canal visual son canales principales.

Para ejemplificarlo veamos una situación cotidiana narrada utilizando cada uno de los tres canales.

Canal auditivo

Una persona cuyo canal de comunicación principal fuera el auditivo, al llegar al trabajo y comentar con sus compañeros cómo se ha levantado hoy, diría algo como: «Esta mañana después de oír el despertador el silencio era absoluto, parecía que el edificio estuviera vacío».

Canal visual

En cambio, narrar la experiencia de ese mismo despertar para una persona cuyo canal de comunicación preferente es el visual sería algo distinto: «Esta mañana cuando me he levantado, todavía estaba oscuro, ni una sola luz en todo el edificio. He tenido que encender la lamparilla de noche para llegar hasta el baño».

¿Cómo es nuestra comunicación?

Canal kinestésico

Y por último, veamos cómo lo explicaría una persona cuyo canal de comunicación preferencial fuese el kinestésico: «Esta mañana me ha costado mucho levantarme, ¡qué pereza! Me habría dado media vuelta otra vez en lugar de salir de la cama».

Y ¿cómo habría sido el despertar de la persona de nuestro ejemplo si lo hubiera narrado utilizando los tres canales de comunicación? Pues habría resultado algo así como: «Esta mañana, después de oír el despertador, el silencio era absoluto, todavía estaba oscuro, no se veía ni una sola luz en todo el edificio. ¡Qué pereza! ¡Me habría dado media vuelta otra vez en lugar de levantarme!».

Dicen que uno de los motivos por los que la trilogía de Stieg Larsson ha tenido tanto éxito es, precisamente, que el autor ponderó muy bien la utilización de los tres canales, asegurándose así que su historia llegara a conectar con una amplia mayoría de lectores.

SI HABLAS POR EL MISMO CANAL QUE TU INTERLOCUTOR, MEJORARÁS LA COMUNICACIÓN
Cuando quieras establecer una comunicación de calidad intenta primero calibrar cuál es el canal preferente de tu interlocutor. Escucha atentamente a la persona que tienes enfrente.

Es preciso que aprendamos a comunicarnos

«Focalizar», «punto de vista» o «escena» son palabras utilizadas por las personas cuyo canal dominante es el visual.

«Preguntar», «soy todo oídos» o «me suena» serían ejemplos de vocablos pertenecientes al universo de las auditivas.

«No sé a qué me huele», «suave» o «inspirar» serían, por el contrario, palabras características de los individuos kinestésicos.

Presta atención al tipo de palabras que usa con más frecuencia para determinar cuál es su canal de comunicación preferente.

Cuando no alcances a discernirlo claramente o si te diriges a varias personas al mismo tiempo, entonces la mejor opción es intentar transmitir el mensaje utilizando equitativamente los tres canales descritos. De esta forma te asegurarás de que lo que quieres transmitir va a ser captado con más facilidad.

4.
La comunicación más efectiva es la que se dirige al inconsciente

Conocer el canal por el que se recibe el mensaje es esencial para establecer una buena comunicación. Pero hay otro elemento que hay que tener en cuenta para que el mensaje realmente contacte con el escuchante.

Esto es, formularlo de manera que traspase todas las barreras y llegue al nivel más profundo, al inconsciente del interlocutor o de los interlocutores.

Nuestro proceso de recepción se divide en dos partes claramente diferenciadas. Por un lado está la mente consciente, donde vive el ego. Esta parte es la que analiza, la que clasifica, la que emite juicios, recriminaciones, la que expresa el miedo o la desconfianza.

En otro nivel se sitúa nuestra parte inconsciente, la que graba los mensajes y las experiencias que le transmite la parte consciente. Por ejemplo, si nuestra parte consciente determina que estar a oscuras en una habitación da miedo, nuestro inconsciente graba esa experiencia y cada vez que entremos en un recinto oscuro nos abordará el miedo.

Es preciso que aprendamos a comunicarnos

Cuando hablamos desde la lógica o la razón, sin incorporar emociones auténticas, es la parte consciente de nuestro interlocutor la que recibe el mensaje. Si nuestro interlocutor ha tenido experiencias previas o tiene alguna idea preconcebida sobre lo que le estamos contando, conectará con ese sentimiento y es muy posible que automáticamente se generen barreras que imposibiliten la comunicación.

Así, por ejemplo, si un turista llega en barco a Barcelona y lo primero que le ocurre al bajar es que un par de delincuentes le roban la maleta, cuando un amigo le cuente lo maravillosa y avanzada que es la Ciudad Condal seguramente recibirá el comentario con cierta reticencia, pues conectará con la experiencia negativa anterior.

En cambio, la parte inconsciente no juzga, pues esta no es su labor. Su función es grabar lo que le transmite la parte consciente. Solo recibe la conclusión de la experiencia que le deriva la mente racional y la graba sin emitir juicio alguno.

En el inconsciente es donde reside la creatividad, es nuestra parte juguetona. Al inconsciente le gustan los colores, los sabores y los olores. Le gusta emocionarse y se estimula a través de los sentidos. Así que si somos capaces de conectar con la parte inconsciente de nuestro interlocutor, podremos transmitirle nuestro mensaje sin filtros previos, pues habremos saltado la barrera del juicio racional.

5.
Cómo conectar con el inconsciente de las personas

La forma más sencilla para establecer contacto con el inconsciente de nuestro interlocutor es, posiblemente, transmitiendo la esencia del mensaje utilizando una fábula, una metáfora o incluso un cuento.

Una *fábula* es un género narrativo en verso o prosa que tiene un fin didáctico. Las fábulas suelen ser breves, frecuentemente están protagonizadas por animales personificados y contienen una moraleja que a veces aparece al final.

La palabra *metáfora* proviene del concepto latino *metaphora* y este, a su vez, de un vocablo griego que en español se interpreta como «traslación». Es una expresión relacionada con un objeto o idea particular, pero que se aplica a otra palabra o frase para dar a entender que hay una similitud entre ellas. (Mi amigo ya pinta de plata sus sienes, por ejemplo).

Un *cuento* es una narración breve de hechos imaginarios con un reducido número de personajes y que suele contener un mensaje en clave. Desde tiempos inmemoriales los

Es preciso que aprendamos a comunicarnos

cuentos fueron transmitidos de forma oral, aunque muchos de ellos ya han sido recogidos por escrito.

Estos tres recursos comunicativos tienen la característica común de que no precisan de lógica para ser comprendidos. Son fórmulas que permiten albergar un mensaje cuya interpretación puede ser hecha directamente por el inconsciente.

Cuando empezamos a narrar una fábula, una metáfora o un cuento, el consciente de la persona se relaja, ya que no se siente agredido, no identifica que su contenido vaya dirigido a él. Entonces baja la guardia, y permite así el paso hacia el inconsciente. Es en ese momento cuando el mensaje empieza a impactar y va dejando su registro.

Fíjate en los cuentos que nos contaban cuando éramos pequeñitos y que han sido transmitidos de generación en generación. Son pequeños tesoros que contienen un mensaje para el niño que los escucha.

Piensa en alguno de los cuentos clásicos y en las circunstancias que debieron rodear a sus autores. Por ejemplo, *Caperucita Roja*. ¿Qué enseñaba este cuento a los pequeñines de hace decenas de años y que vivían en aldeas? ¿Qué necesitaban transmitir los padres y madres a sus hijos e hijas? Seguramente que tuviesen cuidado cuando anduvieran jugueteando por la naturaleza. ¿Crees que tiene el mismo resultado la frase: «Niño, ten cuidado» que captar la atención de un crío contándole las peripecias de una niña que se adentra solita en el bosque?

Cuando tengas que mantener una conversación importante para ti o bien tengas que dar una charla y quieras asegurarte de que el mensaje es bien recibido, puedes usar uno de los tres recursos descritos. En primer lugar, extrae la esencia de tu mensaje, lo más importante que deseas contar. Luego busca alguna fábula, metáfora o cuento que hable de lo que quieres transmitir. Si tienes facilidad, redáctala tú mismo e inclúyela como parte de tu discurso. Recuerda contarla utilizando el canal apropiado.

UNA FÁBULA SOBRE LA IMPORTANCIA DE LA COMUNICACIÓN

La simpleza de este cuento encontrado en internet transmite claramente la enorme necesidad de encontrar el camino para que la comunicación entre los seres humanos mejore.

Un sultán soñó que había perdido todos los dientes. Después de despertar, mandó llamar a un sabio para que interpretase su sueño.

—¡Qué desgracia, mi señor! Cada diente caído representa la pérdida de un pariente de vuestra majestad —dijo el sabio.

—¡Qué insolencia! ¿Cómo te atreves a decirme semejante cosa? ¡Fuera de aquí! ¡Que le den cien latigazos! —gritó el sultán enfurecido.

Más tarde ordenó que le trajesen a otro sabio y le contó lo que había soñado. Este, después de escuchar al sultán con atención, le dijo:

—¡Excelso señor! Gran felicidad os ha sido reservada. El sueño significa que sobreviviréis a todos vuestros parientes.

Es preciso que aprendamos a comunicarnos

El semblante del sultán se iluminó con una gran sonrisa y ordenó que le dieran cien monedas de oro. Cuando este salía del palacio, uno de los cortesanos le dijo admirado:

—¡No es posible! La interpretación que habéis hecho de los sueños es la misma que el primer sabio. No entiendo por qué al primero le pagó con cien latigazos y a ti con cien monedas de oro.

El segundo sabio respondió:

—Amigo mío, todo depende de la forma en que se dice.

Uno de los grandes desafíos de la humanidad es aprender a comunicarse. De la comunicación dependen, muchas veces, la felicidad o la desgracia, la paz o la guerra. La verdad puede compararse con una piedra preciosa. Si la lanzamos contra el rostro de alguien, puede herir, pero si la envolvemos en un delicado embalaje y la ofrecemos con ternura, ciertamente será aceptada con agrado.

6.
El estado de ánimo determina una buena comunicación

Como decíamos anteriormente, la interrelación entre una o varias personas es, en última instancia, un intercambio de emociones. Cuando preparamos una reunión, una presentación en público o una conversación relevante para nosotros, en la mayoría de los casos nos preocupa fundamentalmente el contenido del mensaje, lo que vamos a contar.

Ya hemos visto que este contenido podemos prepararlo articulando un discurso que abarque los tres canales de comunicación por excelencia. También hemos comentado que podemos apoyarnos en contenidos metafóricos para que el impacto del mensaje sea más profundo.

Pero si, como se ha dicho al inicio, en la interrelación entre las personas se da sobre todo un intercambio emocional, entonces es absolutamente indispensable que trabajemos también nuestro estado de ánimo.

Imagínate que te encuentras a un conocido por la calle que hacía tiempo que no veías y le preguntas qué tal le van las cosas. Él te responde que espectacularmente bien, que

Es preciso que aprendamos a comunicarnos

todo va viento en popa. Pero esta afirmación la hace sin levantar la vista del suelo, los hombros algo encorvados hacia delante y con una voz monótona y triste. Seguro que esta situación te parece incongruente, pues su fisiología y tono de voz no corresponden con el mensaje. Estamos delante de una clara incongruencia. Este ejemplo me permite mostrarte la importancia que la transmisión de un estado de ánimo tiene para comunicar con eficacia.

El estado de ánimo tiene una correlación directa con la fisiología y ocurre exactamente igual al revés. Es decir, la fisiología tiene un impacto directo en el estado de ánimo.

De esta forma, si estoy abatido, tengo tendencia a encorvarme, mientras que si estoy eufórico, tiendo a sacar pecho y a alzar la barbilla.

Si tengo conciencia de que cada vez que establezco una comunicación el vehículo a través del cual va a viajar mi mensaje va a ser mi estado de ánimo, debo adaptarlo para poder establecer una comunicación de calidad. No se trata de impostar un estado de ánimo, pues si así lo hiciéramos, generaríamos una incongruencia que sería detectada rápidamente por nuestro interlocutor. Se trata de buscar en nuestro interior el estado de ánimo deseado y revivirlo ayudándonos de la fisiología para conseguirlo.

El estado de ánimo determina una buena comunicación

EVOCANDO UN ESTADO DE ÁNIMO

Cuando tengas planeado mantener una conversación que sea relevante para ti piensa siempre qué estado de ánimo debería llevar asociado esa interacción y prepáralo tanto o más que el contenido.

Supongamos que lo que quieres transmitir es entusiasmo. Busca entre tus recuerdos uno donde estuvieras realmente entusiasmado. Revívelo, respíralo y ánclalo según hemos visto anteriormente.

Justo antes de la charla programada, ponte en un espacio reservado y evoca ese sentimiento. Entusiásmate y vibra con el recuerdo. Exprésate físicamente con entusiasmo, exagéralo. Hazlo durante tres minutos sin pausa y te sentirás realmente entusiasmado.

7.
Para comunicar es indispensable saber escuchar

Frecuentemente, mientras una persona nos está contando alguna cosa ya estamos pensando en qué respuesta vamos a darle. Muchas veces interrumpimos las conversaciones o damos nuestra opinión a pesar de que no nos la pidan. Solemos estar más pendientes de nosotros mismos que de nuestros interlocutores.

Saber escuchar es una habilidad muy vinculada a la energía femenina. Para ejercer la escucha de calidad son necesarias la empatía, la humildad, la curiosidad y el profundo respeto hacia las personas que nos están hablando.

En definitiva, se trata de escuchar más allá de las palabras.

Cierto es que la inercia en la que estamos sumidos dificulta ejercer la escucha, pero al mismo tiempo la hace más necesaria si cabe.

El entorno no suele facilitarla en absoluto, así que es recomendable tomar algunas medidas para que resulte más sencillo concentrarse en lo que está diciendo el interlocutor. De este modo, es aconsejable desconectar el sonido del mó-

Para comunicar es indispensable saber escuchar

vil y apartarlo de la vista para no tener la tentación de leer los mensajes que pudieran llegar.

Intenta buscar el estado interno desde donde te sea posible comprender que la persona que tienes enfrente, sea quien sea, es merecedora de tu respeto y que cualquier cosa que te cuente será importante. Para situarte en esta mirada, quizá te venga bien realizar tres respiraciones profundas para que tu mente disminuya su ritmo. También puede ayudarte pensar que cada individuo actúa de la mejor manera posible para él en cada momento; si no, lo haría de forma distinta.

UN EJEMPLO PARA FACILITAR EL CAMINO HACIA LA MIRADA FRANCA

Imagínate que tienes delante de ti a una de esas personas a las que les cuesta tanto tomar decisiones. Supongamos que este hecho te saca de tus casillas, no lo comprendes, pues a ti no te requiere ningún esfuerzo ejecutar aquello que tienes claro.

Es muy posible que cuando empiece a contarte que tiene que tomar una decisión, pero que no sabe qué hacer, que duda entre hacer una cosa o la otra, conectes con tu diálogo interno y dejes de prestarle atención. Decíamos páginas atrás que la parte masculina del ser es aquella que se caracteriza por su capacidad de acción. Con esta información quizás ahora seamos capaces de entender por qué a nuestro interlocutor le resulta tan difícil tomar decisiones. Muy

Es preciso que aprendamos a comunicarnos

posiblemente no sabe cómo evocar esa energía masculina que tanto necesita en este momento.

Supongamos que logras una compresión sincera y que te preguntas cómo podrías ayudarlo. Pues seguramente de muchas maneras. Una de ellas podría ser imaginándote que detrás de él está su padre, apoyándose con confianza en su hombro derecho. Con esta acción tan sencilla tu inconsciente le está mandando un mensaje de apoyo y comprensión. Estoy segura de que a partir de ese momento vuestra conversación se tornará mucho más constructiva.

8.
Recursos para la escucha: calibración y sincronización

Para escuchar de forma auténtica es preciso que vibremos en la misma frecuencia que lo hace nuestro interlocutor. Tenemos que situarnos en su mismo nivel para que el mensaje fluya sin cortocircuitos.

Para facilitar la escucha incondicional, la escucha plena, debemos asegurarnos de que estamos conectados. Una forma de hacerlo es calibrando a nuestro interlocutor primero y sincronizando con él a continuación.

La calibración

Consiste en captar los gestos, la posición del cuerpo, el tono de voz, el tipo de respiración e incluso los pequeños movimientos que pueden tener los músculos de la cara. La posición de la boca o el color de la piel pueden darnos mucha información.

Una vez hecha la calibración, empezaríamos con la sincronización.

Es preciso que aprendamos a comunicarnos

La sincronización

Se trata de adoptar, de imitar, lo que hemos estado calibrando con el fin de crear un mimetismo con la persona y facilitar así la conexión que estamos buscando.

De esta forma, si la persona tiene una respiración ajetreada, haremos que la nuestra también lo sea. Si está sentada con las piernas cruzadas y ligeramente reclinada hacia atrás, adoptaremos la misma posición. Si efectúa pausas mientras habla, nosotros también lo haremos y si su tono de voz es bajo, el nuestro también lo será.

Llegados a este punto se darán dos circunstancias: estaremos en disposición de escuchar realmente a nuestro interlocutor y la comunicación fluirá con mucha más facilidad.

ENTRÉNATE A CALIBRAR Y A SINCRONIZAR

Para empezar a habituarte a la calibración, adquiere por costumbre observar con curiosidad lo que te rodea. Por ejemplo, puedes tomar entre tus manos una flor, una rosa, y mirarla con mucha atención para descubrir hasta el más ínfimo detalle. Contempla la textura aterciopelada de los pétalos, las insinuantes espinas del tallo, el perfil irregular de las hojas y también el movimiento ondulante que tiene cuando le da el aire.

Si tienes un perro o un gato en casa, obsérvalo mientras duerme. Mira cómo su cuerpo se eleva ligeramente con cada inspiración y cómo vuelve a la posición original tras la espira-

Recursos para la escucha: calibración y sincronización

ción. Date cuenta de la cadencia que hay entre respiración y respiración y si es acompasada o bien arrítmica. Fíjate también en los movimientos de las orejas o del hocico cuando escucha algún ruido, por leve que este sea. Se trata de que adquieras el hábito de observar en cualquier circunstancia, en cualquier lugar, para que luego te resulte natural hacer lo mismo cuando entables una conversación.

Para el entreno de la sincronización, lo recomendable es enfocarlo como un proceso de imitación. Lo único que debes tener en cuenta es que sea lo suficientemente sutil para que no moleste a tu interlocutor.

9.
Retroalimentación (*feedback*): indispensable para establecer las bases de una buena comunicación

Conceptualmente, la retroalimentación o *feedback* consiste en comentar de una manera constructiva (evitando la crítica) las sensaciones y emociones que surgen tras lo que se ha escuchado o lo que se ha vivido.

En el contexto de una conversación, el receptor del mensaje expresa a su interlocutor qué es lo que ha entendido y qué emociones le ha suscitado lo que ha oído. De esta forma, el emisor puede saber el impacto que han causado sus palabras y puede contrastarlo con su intención.

El *feedback* referido a una experiencia estriba en dar a conocer a la otra persona los sentimientos emergidos.

Lo fundamental en el *feedback* es que la voluntad de la persona que lo emite sea que sus comentarios sirvan de ayuda para quien los recibe. Usando esta sencilla técnica, cerramos las puertas a la subjetividad y a la interpretación. Ambas dañan la comunicación y suelen ser generadoras de conflicto.

Retroalimentación (feedback)...

Es sustancial que el *feedback* no contenga ni un atisbo de crítica. Debe ser honesto, sincero y neutro.

Los cuatro aspectos fundamentales para que el *feedback* sea efectivo

1. Debe basarse en evidencias objetivas, en hechos observables en lugar de en interpretaciones.
Las interpretaciones se fundamentan en la crítica y difícilmente se reciben como una ayuda. Así, por ejemplo, decir: «Siempre me dices que llego tarde» cierra las puertas a cualquier posible acción por parte del receptor, pues determina categóricamente qué es lo que está ocurriendo y no deja espacio para el debate.

Si en su lugar decimos: «Dime, por favor, cuándo he llegado tarde esta semana», el escuchante sintoniza con la posibilidad de tener una nueva oportunidad para expresarse más concretamente.

2. Tiene que ofrecer información que la otra persona pueda aplicar.
Vinculado con el punto anterior es el hecho de intentar ofrecer a nuestro interlocutor información que le sirva para llevar a cabo alguna acción. Decir, por ejemplo: «No me hables en ese tono» no facilita excesivamente la mejora a la otra persona, pues percibe más bien una amenaza.

En cambio, si decimos: «Cuando gritas me incomodas», estamos dando información concreta que puede serle útil al sugerirle un cambio de actitud: «Si no le grito, nuestra relación puede mejorar».

3. Escoger el momento adecuado.
Si hemos calibrado bien a nuestro interlocutor, nos daremos cuenta inmediatamente de cuándo es oportuno ofrecer *feedback* y cuándo podría resultar contraproducente. Así, si la persona tiene el canal abierto para recibir propuestas, no habrá ningún problema para proceder con el *feedback*, pero si observamos un bloqueo o una excitación excesiva, posiblemente el mejor *feedback* en ese momento sea el silencio. Más tarde, cuando la persona haya modificado su estado y creamos que pueda estar receptiva, le daremos el *feedback* reservado.

4. Opinar sobre los hechos, no sobre la persona.
Este es el punto esencial, el más importante no tan solo en un proceso de *feedback*, sino en cualquier otro contexto. Por naturaleza, el individuo es un ser maravilloso y lo único reprochable pueden ser sus actuaciones, nunca su esencia. De este modo, decir: «Eres asqueroso» no tiene ningún sentido; en primer lugar, porque no es cierto que esa persona sea asquerosa por muy desagradable que pueda resultarnos, pues es hija de la creación igual que nosotros, y por ese simple hecho ya merece nuestro respeto. Y en segundo lugar, porque a lo que nos referimos muy posiblemente es a que «tienes un comportamiento asqueroso», es decir, que es aquello que hace o dice lo que nos parece despreciable.

*Retroalimentación (*feedback*)...*

Esta consideración es especialmente relevante cuando nos referimos a niños, pues si no lo tenemos en cuenta, estamos contribuyendo a instalar en ellos una creencia limitativa (yo no valgo o no merezco) que pueden arrastrar durante toda la vida y que les acarreará consecuencias tan trascendentes como no ser capaces de confiar en sí mismos. (En la tercera parte del libro hemos hablado sobre el concepto de creencia limitativa.)

10.
El cuerpo como herramienta de comunicación

Como hemos visto en el apartado anterior, el cuerpo es enormemente elocuente y debemos tenerlo en cuenta como una de las herramientas principales en el proceso comunicativo. Tanto en la vertiente de emisor como de receptor del mensaje.

Así, por ejemplo, cruzar los brazos e inclinarse hacia atrás puede denotar estar a la expectativa, a la defensiva de lo que se está planteando, mientras que inclinarse hacia el que está hablando indica interés por lo que se está escuchando. Entrelazar los dedos de ambas manos transmite ansiedad o represión, mientras que mostrar la palma de la mano abierta es una expresión de sinceridad y honestidad.

Aprender a leer el idioma de los gestos y las posturas es tremendamente útil para la comunicación. Más que memorizar qué significado tiene cada uno de ellos es interesante encontrar la actitud interna que nos permita descodificarlos.

Dado que se trata del reflejo de circunstancias internas del individuo, no siempre van a tener la misma traducción,

El cuerpo como herramienta de comunicación

pues dependerán en cierta medida del contexto donde tengan lugar. Así, sentarse con las piernas muy separadas en un hombre puede denotar dominancia o territorialidad, pero también apetito sexual.

Lo importante es tomar conciencia de que no hay nada superfluo en un proceso comunicativo y de que cualquier gesto o movimiento es importante, por nimio que parezca. Debemos adoptar la predisposición necesaria para intentar captar todas estas señales externas que, en realidad, son percibidas de forma inconsciente. Precisamente el objetivo es volver consciente este proceso inconsciente.

No te preocupes demasiado por saber exactamente el significado de cada postura o movimiento, como si de una recopilación de diccionario se tratara, sino más bien intenta trabajar tu estado de ánimo para que sea lo más receptivo posible y confía en tu intuición.

No hay conocimiento más sabio que el que procede de la intuición, y debemos facilitarle el espacio que requiere para que pueda hacer su trabajo.

11.
La voz como instrumento de comunicación

La voz es lo que pone sonido a la opinión, lo que eleva a externo aquello que proviene de lo interno. La voz traduce sentimientos y emociones usando el timbre y la entonación.

Un estado emocional determinado del emisor modifica la textura de la voz y produce un efecto concreto en el oyente. Al mismo tiempo, son fácilmente modificables el ánimo y la intención de la comunicación variando la intensidad, el tono y la textura de la voz sin realizar un solo cambio en las palabras.

La tipología de la voz está intrínsecamente vinculada al estado de ánimo. Por tanto, no se puede proyectar una voz auténtica sin trabajar previamente el estado de ánimo.

La voz como instrumento de comunicación

> **TOMA CONCIENCIA DE LA MULTIPLICIDAD DE MATICES DE LA VOZ**
> Durante un día entero pon tu atención en conocer la diversidad de voces que escucharás y en identificar los estados emocionales que entrañan. Descubre cómo es una voz descansada de una persona que acaba de levantarse. La de un individuo en pleno proceso digestivo. La de un hombre exaltado, una mujer alegre, un niño asustado, un compañero inseguro, una amiga risueña…, intenta comparar la voz que emerge de personas con un estado de ánimo similar y traza los puntos en común.

Escucha tu voz e identifícate plenamente con ella. Puedes entrenarte leyendo cuentos infantiles en voz alta, exagerando las entonaciones que pueda requerir la historia. Si te grabas, ten en cuenta que tu voz al natural y la grabación no te sonarán igual. Esto es debido a que cuando emitimos sonidos los percibimos tanto interna como externamente. Por el contrario, si la voz está registrada, tan solo reproduce la parte que se escucha desde el exterior.

12.
La elocuencia del silencio

Generalmente estamos poco acostumbrados al silencio. Vivimos rodeados de ruidos y sonidos constantes. Tanto es así que cuando nos envuelve, solemos tener una sensación extraña que, en cierta manera, nos sobrecoge.

Sin embargo, lo natural es el silencio, no el sonido. El silencio es la ausencia del ruido, por tanto, siempre hay silencio, aunque no se perciba. Lo envuelve todo. Lo que ocurre es que el sonido se superpone. De esta forma, antes y después de los sonidos podemos percibir la presencia del silencio.

Una comunicación auténtica precisa del manejo de los silencios. Son áreas de respeto y reflexión. Al no estar acostumbrados a él, producen un elevado impacto en el oyente.

La elocuencia del silencio

EL MANEJO DEL SILENCIO

Los silencios intercalados son una potente herramienta de comunicación. De esta forma, si quieres reforzar lo que acabas de decir, mantén tres segundos de silencio antes de continuar hablando.

Si te diriges a un grupo de personas, después del saludo inicial no hables en un intervalo de tres segundos. El mensaje que transmitirás a continuación habrá ganado mucha fuerza.

Utilízalo siempre que quieras captar la atención o reforzar un mensaje.

13.
El proceso comunicativo en cinco pasos

Esquemáticamente el proceso comunicativo consta de las siguientes partes:

1. Observación del entorno y contextualización de la conversación o charla

Este es un momento importante. Debemos adaptar nuestro mensaje según sea la persona que tengamos como interlocutor y según sea el entorno que nos rodea. Así, por ejemplo, no es lo mismo entablar una conversación con un niño distraído que con un adulto consternado. Del mismo modo condiciona la comunicación realizarla en un entorno tranquilo o en un lugar ruidoso o con interrupciones frecuentes.

Si lo que estamos a punto de iniciar es una charla en público, lo que deberemos tener en cuenta son elementos como el tamaño de la sala y la acústica que pueda tener a fin y efecto de valorar el esfuerzo que nos requerirá proyectar nuestra voz. También será preciso valorar cómo es nuestro público, si diverso u homogéneo, si es diferente o parecido a mí, si está expectante o muestra signos de aburrimiento, etcétera.

En definitiva, tanto si se trata de una charla individual como grupal, lo que debemos es tomar el pulso tanto a la persona o personas que escuchan como a la generalidad del entorno y adaptar la formulación del mensaje a los *inputs* recibidos.

2. Preparación interna para poder realizar una escucha activa de calidad

Este paso es especialmente relevante en las conversaciones individuales o de pequeños grupos. Como decíamos anteriormente, para poder efectuar una escucha de calidad es preciso predisponerse a ello a través de la voluntad de ser empático, humilde, curioso y sentir un profundo respeto por la persona que nos habla. Busca en tu interior este sentimiento y áncIalo para que permanezca durante la conversación.

3. Calibración y sincronización

Una vez que me he preparado internamente para captar más allá de las palabras, procedo a determinar y establecer las vías necesarias para la conexión con mi interlocutor.

Lo estudio intensamente (calibro) y me mimetizo con él (sincronizo) para que la comunicación fluya.

Es preciso que aprendamos a comunicarnos

En el caso de estar frente a una audiencia, el proceso es exactamente el mismo, aunque pueda resultar algo más complejo de llevar a cabo. De esta forma, la calibración se efectúa teniendo en cuenta el conjunto de personas que conforman el auditorio como un todo y luego estableciendo la sincronía con ese todo.

4. Retroalimentación o *feedback*

Al principio del capítulo mencionábamos que la comunicación es un intercambio de emociones, así que es preciso que durante todo el proceso vayamos manteniendo la calibración por si hubiera modificaciones en el escuchante y fuera preciso adaptar nuestra sincronización a los cambios surgidos. Al mismo tiempo, es conveniente que vayamos dándole al oyente nuestra opinión sobre lo que estamos recibiendo y escuchemos sus comentarios al respecto para que se configure una comunicación de calidad.

5. Recogida y cierre

Esta parte es fundamental y no siempre tenemos el acierto de dedicarle la atención que requiere. Es el momento de sacar las conclusiones de la conversación y constatar el estado de ánimo con el que concluimos. Al mismo tiempo siempre es oportuno un agradecimiento sincero.

14.
Teniendo en cuenta «las conversaciones que no se dan»

En muchas ocasiones damos por supuesto aspectos que en realidad no hemos contrastado. Estamos dando por válido algo que es producto de nuestra lógica, derivado de experiencias, conjeturas y juicios.

Generalmente partimos de la base de que nuestra verdad es absoluta y de que son los demás los que están equivocados. Nos cuesta entender que coexisten otras realidades que son tan válidas como la nuestra. Esto acontece, sobre todo, en aspectos que contradicen nuestros valores o creencias más arraigadas. Entender el feminismo para unos o la igualdad entre razas para otros se torna algo casi imposible.

Es solo cuando alcanzamos a comprender que yo formo parte de los otros y los otros de mí y que todos conformamos algo superior que empezamos a vislumbrar la irrelevancia de la realidad propia. Lo plasma de forma magistral Dan Millan en su libro *El guerrero pacífico*: «Cada vez que miraba a mi alrededor –la Tierra, el cielo, el sol, los árboles, los lagos, los arroyos– ¡sabía que todo eso era yo!».

Es preciso que aprendamos a comunicarnos

La facilidad que tenemos de crear hipótesis no facilita en absoluto la comunicación. En numerosas ocasiones tomamos decisiones que tienen poco o ningún fundamento contrastado, pues no hemos tenido en cuenta la opinión de la persona o personas que puedan estar involucradas en el asunto.

Por soberbia, miedo, falta de humildad o pura desidia en muchas ocasiones no somos capaces de pedir *feedback* de nuestros pensamientos. El cuento *El traje nuevo del emperador*, de Hans Christian Andersen, lo retrata con acierto.

CUANDO LA COMUNICACIÓN NO FLUYE
Había una vez un emperador al que tanto importaban sus vestidos que encargó un traje nuevo a dos bribones que prometieron hacérselo con una tela tan especial que solo podrían ver quienes no fueran tontos o indignos de su cargo. Los presuntos sastres solo acumulaban el oro y los ricos materiales que recibían, mientras hacían como que tejían.

Cuando los asesores del emperador fueron a ver a los sastres tuvieron miedo de ser tomados por tontos, y regresaron alabando grandemente el traje. Lo mismo ocurrió con cuantos los visitaron, y con el propio emperador, quien, cuando el traje estuvo listo, no dudó en quitarse sus ropas.

Y fue al desfile vestido con sus invisibles telas, que también eran alabadas por todo el pueblo. Hasta que una niña gritó entre risas: «El emperador está desnudo», y todos, incluido el emperador, se dieron cuenta del engaño y del ridículo que habían hecho.

15.
Si la comunicación no ha funcionado, aprende de ello

Una buena comunicación se consigue mediante el entreno y la perseverancia. No es nada sencillo conseguir una conexión auténtica con nuestro interlocutor, pues son múltiples los factores que intervienen. Por ello debemos prestar especial atención cuando no hayamos conseguido nuestro objetivo de bien comunicar, ya que es una ocasión única para encontrar áreas de mejora y perfeccionar nuestro dominio comunicativo.

Debemos entonces analizar qué faceta del proceso comunicativo no ha funcionado y determinar qué modificaciones o nuevos elementos debemos introducir en la próxima ocasión.

Quizás hayamos ido demasiado deprisa en observar el entorno y decidir la tipología de mensaje que utilizar o bien hemos tenido dificultad en la escucha o en sincronizar con nuestro interlocutor.

Sea como sea, lo importante es asumir nuestra responsabilidad en todo proceso comunicativo sin bascular en la otra persona la culpa de que no haya salido bien.

Es preciso que aprendamos a comunicarnos

Empatía para entender el punto de vista de nuestro interlocutor, flexibilidad para incorporar nuevos aprendizajes o creatividad para encontrar el camino de salida a una conversación enquistada son algunos de los atributos de la energía femenina que nos ayudarán en la mejora de la comunicación y, por tanto, de la relación interpersonal. De esta forma, sin la energía femenina no es posible una comunicación auténtica, una comunicación de calidad.

Conclusiones

Como individuos, es preciso que aprendamos a cuidarnos y a valorarnos. Realizar una mirada introspectiva hacia nosotros y descubrir qué anhelamos realmente es el primer paso hacia el equilibrio, hacia el bienestar más completo.

Pero no estamos solos en este mundo, sino que vivimos en una constante interrelación con los demás. He aquí la importancia de la comunicación.

Esta es la base del desarrollo de la humanidad. ¿Cómo, si no, se transmite el conocimiento?

Comunicar es mucho más que el lenguaje hablado. Abarca todos los sentidos.

Cuando hablamos, debemos hacerlo de forma responsable, pues creamos realidades a través de nuestro lenguaje.

Sexta parte
Creando un mejor presente

1.
Propagando el cambio

> Si como individuos logramos dar sentido a nuestra existencia, estaremos contribuyendo a que la humanidad deje atrás el dominio del patriarcado.

Hace ya algún tiempo me crucé con una idea que me sorprendió e interesó de inmediato. Se trataba de una teoría curiosa, basada en el concepto de que existe una conciencia colectiva, una conciencia que está por encima del individuo. Dice algo así como que cuando existe una masa crítica suficiente de personas que comparten un mismo pensamiento, el conjunto de individuos adopta este pensamiento de forma pasiva.

Tiene como fundamento el concepto de la resonancia mórfica acuñado por el biólogo Rupert Sheldrake, que, de forma resumida, defiende la existencia de una vía mediante la cual el conocimiento se transmite instantáneamente entre los miembros de una misma especie y ello acontece independientemente del espacio y del tiempo. Lyall Watson escribió un libro titulado *Lifetide: The biology of consciousness*

Creando un mejor presente

en el que relata un sorprendente suceso que ocurrió cuando experimentaba con una colonia de monos en una isla próxima a Japón. Un día Watson quiso cambiarles la alimentación y empezó a dejarles en la arena boniatos.

En un principio los monos no aceptaron esta nueva propuesta, pues les molestaba el barro y la arena que impregnaba la comida. Un día, una joven hembra cogió un boniato y lo lavó en el río. A modo de juego la mona fue enseñando a los demás animales jóvenes a lavar la comida y poco a poco más y más monos adoptaron este comportamiento.

Pasado el tiempo, toda la colonia estaba lavando los boniatos antes de comérselos. Pero lo más sorprendente es que al cabo de cierto tiempo otros monos de otras islas, sin previo contacto con la primera colonia, habían incorporado también la costumbre de lavar la comida. Watson sostiene que cuando el mono número X aprendió, se completó una masa crítica suficiente que hizo que toda la especie adquiriera de pronto el nuevo conocimiento.

Watson defiende en su libro que si un número suficientemente elevado de personas (la masa crítica) adquiere un nuevo conocimiento o forma de ver las cosas, esto se propagará por toda la humanidad.

Esta misma idea es la que fundamenta el libro de Shinoda Bolen titulado *El millonésimo círculo*, en el que defiende la posibilidad de que los círculos de mujeres aceleren el cambio de la humanidad hacia una era pospatriarcal.

2.
El clic de la conciencia

Imaginemos por un momento que lo que esta teoría defiende realmente ocurre (ya sabes, que cuando un determinado número de personas tiene el mismo comportamiento o forma de pensar, el pensamiento colectivo se modifica y todas las personas toman como propio el nuevo razonamiento o la nueva conducta).

Imaginemos también que ya somos un número elevado de individuos los que creemos que equilibrando la energía masculina y la energía femenina podemos alcanzar un mundo mucho más habitable, donde la intolerancia y la individualidad queden desbancadas.

Un número elevado de personas que han aprendido a quererse y a mimarse, y quienes a través de la observación de sus talentos han accedido a su don y, a la vez, lo ofrecen a la sociedad en cumplimiento de su misión.

Un número elevado de personas que han puesto su empeño en mejorar la comunicación y, por ende, el entendimiento en el mundo.

Creando un mejor presente

Entonces la esperanza del cambio anhelado aflora. ¡Quién sabe, quizás seas tú la persona X que, de súbito, genere el cambio de conciencia!

Agradecimientos

Hace ya algunos años recibí un paquete que contenía diez o doce libros y una carta que decía: «He oído hablar de ti y me gustaría conocerte». Era de Jordi Nadal, mi editor. Le llamé para agradecérselo y quedamos para tomar un café. Congeniamos y nos vimos en varias ocasiones. En una de ellas me propuso: «¿Por qué no escribes un libro y cuentas todo lo que hemos estado hablando?». Mi respuesta fue inmediata: «Ni tengo tiempo ni sabría cómo hacerlo». Y aquí me tienes, con el libro publicado y feliz por haber pasado por la experiencia. Jordi, ¡gracias de todo corazón por tu confianza, apoyo y generosidad!

Como narraba en la introducción, este es un libro de vivencias. Por tanto, todo lo que contiene tiene su origen en la relación con otras personas. Vienen a mi cabeza un sinfín de nombres de conocidos, amigos y familiares a quienes estoy profundamente agradecida por lo que me han hecho latir: ¡gracias!

Mi gratitud especialmente:

A Pilar, la redactora que ha sido mi faro en esta travesía. Gracias por tu aliento, tu paciencia y tus sabios consejos.

A Miquel, Carlos y Carla, mis tres hijos, seres maravillosos que llenan mi corazón. A Carles, que a tu manera siempre estás ahí: gracias, amor.

A mi padre y a mi madre por su bondad infinita, por su amor incondicional. Os quiero.

A mi hermana Mariona, que ya se fue hacia la luz, y a mi hermana de alma Teresa, que siempre estuvo y siempre está.

A Cris por su *Talentum* y mucho más, a Meritxell porque cantando andamos el mismo camino, a Rosa, mi diosa, y a todas y cada una de las mujeres que experimentaron el poder de lo femenino.

¡Muchas gracias por todo lo vivido!

Este es un libro fruto de aprender, experimentar y sentir. Me encantaría que prevaleciera más allá de estas páginas, enriquecido con tus comentarios.

Aquí tienes mi correo electrónico:

ereslomejorquetehapasado@gmail.com

¡Tus palabras serán bien recibidas!

Su opinión es importante.
En futuras ediciones, estaremos encantados
de recoger sus comentarios sobre este libro.

Por favor, háganoslos llegar a través de nuestra web:

www.plataformaeditorial.com

Para adquirir nuestros títulos, consulte con su librero habitual.

«*I cannot live without books.*»
«No puedo vivir sin libros.»
THOMAS JEFFERSON

Plataforma Editorial planta un árbol
por cada título publicado.

Aunque no consigamos alcanzar el final de la senda, nuestro peregrinaje no habrá sido en vano. Nadie puede arrebatarnos la dicha del camino. La senda suprema es para nosotros la senda de la perfección.

Este libro nos enseña a guiar a nuestros hijos, desde los primeros años, en una apasionante aventura que les ayudará a encontrar la paz y la serenidad en todas las facetas de su vida.